U0928970

国学一本通

徐　潜◎主编

道德经

春秋·老　子◎著　陈　忠◎译评

吉林文史出版社

图书在版编目（CIP）数据

道德经/（春秋）老子著；陈忠译评.—长春：吉林文史出版社，
2009.4(2022.1重印)
（国学一本通/徐潜主编）
ISBN 978-7-80702-936-6
Ⅰ.道… Ⅱ.①老…②陈… Ⅲ.①道家②老子—注释③老子—译文 Ⅳ.B223.1
中国版本图书馆CIP数据核字（2009）第038145号

 国学一本通 

道德经

出版人/徐　潜

出版发行/吉林文史出版社（长春市人民大街4646号） www.jlws.com.cn
主编/徐　潜
著/老　子
译评/陈　忠
项目负责/王尔立
责任编辑/王尔立 崔博华
责任校对/李洁华
装帧设计/李岩冰 刘纯青 张红旭
印刷/北京一鑫印务有限责任公司
版次/2009年4月第1版 2022年1月第7次印刷
开本/720mm×1000mm 1/16
字数/280千字
印张/14
书号/ISBN 978-7-80702-936-6
定价/55.00元

前言

老子是个谜，时至今日人们仍在猜测老子之为谁?中国人对有所存疑之古人古事向来都是十分认真的，一旦存疑就须有足够的证据才能解疑。中国学术界又向来有一个传统“例不十不立，例不十不破”，而且这些可资作为证据的“例”必须求之于信史，传说是不算的。然而老子之为谁的存疑，正是疑之于信史。司马迁老先生在中国的第一部信史《史记》中为老子立了一个三百余字的小传:

老子者，楚苦县历乡曲仁里人也。姓李氏，名耳，字聃。周守藏室之史也。

孔子适周，将问礼于老子。老子曰:“子所言者，其人与骨皆已朽矣，独其言在耳。且君子得其时则驾，不得其时则蓬累而行。吾闻之，良贾深藏若虚，君子盛德，容貌若愚。去子之骄气与多欲，态色与淫志，是皆无益于子之身。吾所以告子，若是而已!”

老子修道德，其学以自隐无名为务。居周久之，见周之衰，乃遂去。至关，关令尹喜曰:“子将隐矣，强为我著书。”于是老子乃著书上、下篇，言道德之意五千余言而去，莫知其所终。

自孔子死之后百二十九年，而史记周太史儋见秦献公曰:“始秦与周合，合五百岁而离，离七十岁而霸王者出焉。”或曰儋即老子，或曰非也。世莫知其然否?盖老子百有六十余岁，或言二百余岁，以其修道德而养寿也。老子隐君子也。

老子之子名宗，宗为魏将，封于段干。宗子注，注子宫，宫玄孙假，假仕于汉孝文帝。

据此黄瑞云先生曾提出如下疑问:孔子既问礼于老子，老子自当与孔子同时或略长，然苦县属陈国，陈于周敬王四十一年(前479年)才为楚所灭。孔子即卒于是年。老子怎么可能成为“楚”苦县人?

先秦典籍屡见“老子”、“老聃”而绝无李耳之名，老子安得又“姓李氏名耳”？春秋典籍中甚至没有人姓李。……周安王二十六年(前176年)三家分晋乃有魏国，上距孔子之卒已一百零四年，与孔子同时或更长的老子的儿子怎么可能为魏将？汉文帝即位上距孔子之卒整三百年，老子的七代孙怎么可能仕于汉文帝呢？据此，黄先生认为：司马迁老先生为老子立传，也只不过是依据传闻而已。也因而黄先生得出了他自己的结论：老子就是老子，亦即老聃，老子与孔子同时或略长；《道德经》一书是老子的著作，但其成书有一个口耳相传的过程，因而掺入了一些战国时代的词汇甚至段落。黄先生之说是也。

《道德经》是为老子所著之书。老子之伟大在于《道德经》之伟大，《道德经》之伟大则在于它以短短五千言而让后人以实在说不清有多少万言的文字去诠释它，而且永远地言犹未尽。《道德经》没有西方古典哲学的那种逻辑的严密和语言的思辨；没有同为东方古典哲学的佛学那种有如身临其境的虚幻和浪漫；也不似同为国学经典的儒学那么现实实用和直截了当。它是以一种独特的思维所做的独特的哲学表达，它“大似不肖”。因此，在老子生前和老子死后的相当历史时期内，《道德经》都不如儒学和佛学那么彰显。而至如今，历史距老子已经二千五六百年，《道德经》之学却赫然而显，并且走出了国门，冲出了亚洲，走向了世界。

《道德经》之学被历代学者称为玄学。玄者，神秘之谓也。《道德经》之学之所以成为一门神秘的学问，是因为老子在他的《道德经》一书中，为我们描绘了一个不可思议的“道”和多次以玄喻道，以玄冠德。老子所讲的道，与和他同时代的同为中国古代的其他哲学家不同，其他哲学家所讲的道，是作为社会发展的一般规律而提出来的，也可以说在其他哲学家那里，道是社会发展的一般规律的代称。而老子所讲的道是一种物质世界的未知物质的代称。这种物质先于天地之前就已存在，而且天地万物都是由它而产生出来的。我们姑且不论能够产生天地万物的物质是一种还是多种，反正天地万物是由物质构成的。我们也姑且不管老子在当其时代科学技术远还没有达到可以实证物质的物理和化学反映的存在性，是如何得出这个结论的，但老子在天地万物都是由物质产生的一点上，算是“蒙”对了。现在我们可以用现代人的眼光，用现代的科学成果去思考老子所讲的道，尽管在我们的思考中，仍然无法确知老子所说的道究竟是个什么样的物质，但科学发展不断带给我们的数不清的惊异，使我们对老子的假说并不产生多少神秘之感。那么在古代呢？在十八世纪以前呢？那些闻所未闻见所未见现代科学成果的学者们能不感到神秘吗？其实老子在《道德经》一书中，把道作为概念，运用于行文之中，它的含意并不是一元的，在他概述道的本质特征时，道的含意是一种物质世界中的未知物质，而更多之处道的含意则是道的理念。可以说老子作《道德经》并非是以向人介绍一种未知物质作为目的，他是通过宣扬这种物质的特殊功用——能够接收世间所有有生物和无生物的信息，并根据它的特有属性给以反馈——以自然的力量给予奖励或惩罚，把道作为一种类似神佛那样的世界统驭者来警惕世人，从而达到规范世人之目的的。这也可以说就是老子的道的理念。历代解老诸家，多数人把《道德经》一书中所出现的道都诠释为世界的本源，对这一点我一直不好接受。同样对“玄”也是如此，在《道德经》一书中，玄的含意也不是一元的，它既有神秘的、高深莫测的含意，也有对事物的概括抽象之意。

《道德经》虽然伟大，但我仍以为它为某种特定历史时期的伟大，是在所知范围内的规范性之伟大，更是一种主观愿望性的伟大。《道德经》之学旨在宣化自然无为听天由命，是以要求人们无欲、少智、守柔、退让。在老子时代，内战频仍，战争的性质又无正义和非正义之分的历史时期，确有消弭战争的重要意义，然而也只有在人们的视界只在中华一隅，不知尚有外族的规范性范围内才有意义，而且也仅是主观愿望性之意义。如在外族入侵，强占我领土，奴役我人民之时，我们还能自然无为听天由命吗?我们还能无欲、少智、守柔、退让吗?对阿Q之属的听天由命守柔少智，鲁迅先生曾怒其不争，哀其不幸；对蒋介石之属的对日一味退让的不抵抗政策，我们呼其为国贼!也许老子在其历史的局限之内，在对世界诸多疑难问题进行苦思冥想，实在找不到任何答案之时，万般无奈之下把一切自然之变化都委之于道，而不像其他人那样委之于神，而他对道的认定是一种惚兮恍、恍兮惚的无机物化的虚幻，而不是一种人格化的意识之虚幻，才是他的真正的伟大之处。于是我们现代人由老子之道联想到了无线电波，由老子的自然无为联想到了大工业所带来的对生态环境的破坏。于是我们惊诧：到现在我们还没有发现那种可以接受所有有生命和无生命的东西所发出的信息，并作出反应的那种物化的虚幻，而老子在两千五百多年前就发现了；在本世纪的前半叶我们还没有意识到大工业将带来对生态环境的破坏，而老子在两千五百年前就预见到了。对于前者，我们还不能确切地证明老子的伟大发现，但科学始于幻想，说不定什么时候人们就可以证明了；对于后者，我们是确确实实地正在感受着，老子真伟大。老子真是幸运的，不管他当时怎么想，不管他的道和自然无为是否作如是之思考，但他的理念与现代科学相碰了。然而相碰是一回事，伟大是另一回事，我们不能因为老子的偶然灵机一动，就将其神化，让其背负那么沉重的历史包袱，不管是褒扬还是贬抑，所以老子还是老子，是人不是神。

《道德经》到了公元前206—公元200年，又幸运地被奉为道教的经典，并引发了以呼吸吐纳以求取长生的修道修仙的运动。它之所以会成为这个运动的精神支撑，亦由它的理念“大似不肖”所致。《道德经》还能引起人们多少联想，可也实在使人没法预料了。但作为道教的最高典籍整整影响了中国人两千二百多年，以致使即使是儒家的忠实信徒在解老时也难免带有道教的色彩，《道德经》被分为八十一章就是明证，这八十一章显然是循着九九归一的道教理念而来。只有清代的魏源才破此惯例而分《道德经》为六十八章，而我觉着这六十八章确保持了每章的相对完整性，而八十一章则未免支离，所以我取六十八章之分法。

道德经

目录

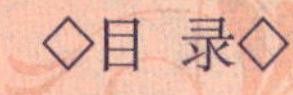

上篇

道经

阅读提示

《道德经》包括《道经》和《德经》两个部分。从一章到三十二章为《道经》，主要论述道的本体和功用。有的版本称《道经》为《道德经上篇》。

老子认识到，道是不以人们意志为转移的客观存在，它先于天地而产生。“有物混成，先天地生。寂兮寥兮，独立不改。周行而不殆，可以为天下母。吾不知其名，字之曰道。”但老子并没有把道看做一切事物的本原。他说：“人法地，地法天，天法道，道法自然。”可见老子的道是从“自然”派生出来的。“自然”，就是客观存在的一切，就是客观世界发展的规律。

老子身为东周守藏室之史，有机会阅读王室的藏书，对王朝的兴替、贵族的盛衰规律，有较深的研究。对于自然现象，老子只涉及“飘风不终朝，骤雨不终日”，他“希言自然”，谈论自然现象，实际上是为了譬喻人间万象。

老子的道，包含人的个体在纷繁复杂的自然环境和社会环境中生存和发展的规律，其中也可能包含他通过自身修炼而憬悟出来的延年益寿的经验。“玄牝之门，是谓天地根。绵绵若存，用之不勤。”“专气致柔，能婴儿乎？”这些广为流传的要诀，早已为养生家奉为圭臬。

“道之为物，惟恍惟惚。惚兮恍兮，其中有象；恍兮惚兮，其中有物；窈兮冥兮，其中有精。”这段文字，加上“道可道，非常道”，给人一种印象，似乎道是不可知的。其实，老子这些话只是描述了他上下求索而产生的那种感觉。客观规律似乎故意跟人开玩笑，让人永远也无法穷尽真理，而只能在恍惚窈冥中去探求它的象、物、精。一旦人们宣称认识了道，试图用语言、用理论来表述这种道，那些语言、那些理论就已经被发展变化了的客观事物抛在后面。人们不能奢望自己构筑的理论大厦永世长存。老子承认绝对的永恒的道是存在的，但人们每一次对道的表述都不是绝对的永恒的。

道经，在马王堆汉墓出土的帛书里已标明一个“道”字，排在《德经》之后，这与《韩非子·解老》的顺序正相符合。

一章

题解

本章开宗明义，阐述道的本体。老子认为客观世界的规律性是先天地而存在的。"无名，天地之始"这个"无名"就指道而言。

本章两次提到"无"与"有"。从"无名"到"有名"，是客观事物的存在，由不被人认识到被人认识的发展过程，而被人们称说论述的道，不可能是常道，即永恒真理。

"故常无，欲以观其妙；常有，欲以观其徼。"有的本子断句为："故常无欲，以观其妙；常有欲，以观其徼。"虽然两种断句均可通，但后一种断句似与老子思想龃龉，故不取。

原文

道可道，非常道；名可名，非常名。无，名天地之始；有，名万物之母。故常无，欲以观其妙；常有，欲以观其徼。此两者同出而异名，同谓之玄，玄之又玄，众妙之门。

译文

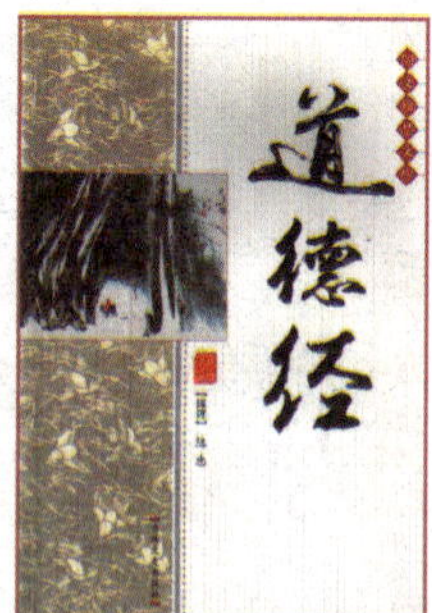

道可以用语言来表述，但不是经常所说的那个道；（对于抽象的事物）可以给它们命个名字，但不是经常所说的那个名。用无，给天地生成的初始阶段命名；用有，给万物产生的基因命名（就是如此。）（对上述两项抽象的事物，之所以用"无"和"有"去命名，）是因为要用经常所说的"无"的词汇意义的眼光，去观察天地生成、发展、变化的奥妙，探索它的奥秘；用经常所说的“有”的词汇意义的眼光，去观察万物产生、发展、变化所依循的规律。(从这个意义上说)“无”和“有”是出自同一需要而别创新义的两个词义相反的概念，(对这两个概念新造之义)都可以把它们称之为是一种抽象，从具体到抽象并进而再进行抽象，则是进入认识最高境界的大门。

评点

此章是《道德经》的导语，就像当代人写文章往往要在文章的开头，把文中将使用的一些新概念作交待说明一样，老子也把他所另造新义的概念作了事先的交待说明，以免使读者费解。老子所要交待和说明的是什么呢?(一)他所讲的道，不是通常意义上所说的道路之意的道，也不是和他同时代的其他思想家所经常标榜的那个道，而是一种新的理念。道，《说文》：“所行道也。”可见道之初义是指道路而言。老子说“道可道，非常道”是说他在《道德经》里所讲的道，不是指道的初始词汇意义；同时又因为与老子同时代的一些思想家也都把自己的思想主张称之为道，也含有告诉读者他所讲的道是有别于其他思想家所讲的道的意思。(二)经常所说的名字，在通常意义上是指对具体的实在物的称谓，而他这里所讲的名字，则是给抽象的事物确立一个概念。那时候在汉语语言中“概念”一词还没有出现，所以他只能用“名”去表示。老子说“名可名，非常名”，就是说除对世间具体的实在物可以给它们确立一个称谓外，对非实在的抽象的事物也可以给它们确立一个称谓，但这个称谓与经常所说的“名”不同。具体的实在物的名，是该实在物所专有的，不能挪作他用，而非实在的抽象事物的名却需要借用语言中的已有其明确含义的词汇另创新义作为它们的称谓，所以这个名就成为了与经常所用之词义不同的名了。(三)他在《道德经》里借用已有词汇别创新义制造了两个名，即“无，名天地

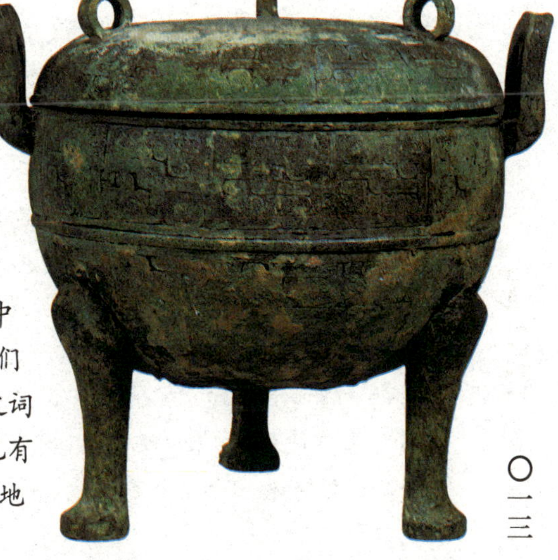

之始；有，名万物之母”。(四)他之所以制造了两个名或者说概念，是要借助“无”和“有”的已有的明确词义，用“无”和“有”的眼光去观察和探索天地的奥妙和万物产生、发展、变化所依循的规律，即“故常无，欲以观其妙；常有，欲以观其徼”。(五)新制造的这两个概念都很晦涩难懂，令人难以索解，之所以会这样，是因为它是一种非具体的抽象。在人的认识过程中抽象是很重要的，因为只有从具体到抽象再进行抽象，才能达到认识的最高境界。在老子那个时代，还没有抽象这个概念，因此他只能用玄去表示。

理解此章，最关键的是怎样理解文中四次出现的“常”和三次出现的“玄”。常，《长沙马王堆汉墓帛书老子》写作恒。据考，汉时为避汉文帝刘恒名讳改写作常。自《道德经》问世以来，多数研究家都认为“常”作“永久”解，因此诸家在理解此章时多有歧义。我认为“常”当作“经常所说的”或“通常意义上的”解。为解此“常”字，不能不追其原用字“恒”，金文“恒”在舀鼎和恒簋中出现时都从二从心从月，二表示天地心月在天地之间，是否可会意为“永久”“不变”大有疑问。《说文》：“恒，常也；常，裙裾也。”显然《说文》对“常”之解不能作“恒”之解。《辞源》：“恒，常也久也。”可见恒有两义，“常”和“久”并不同义。《辞海》恒有六解，其中第三解为经常之意，“《礼记·大学》为之者疾，用之者舒，则财恒足矣！”第四解为一般的、普通的之意，“《庄子·大宗师》是恒物之大情也。”此章中的“常”与《庄子·大宗师》中的恒用法最为接近，所以把此章中的“常”理解为“一般的”“普通的”也就是“经常所说的”“通常意义上的”是合理的。玄，《说文》：“玄，幽远也；黑而有赤色者为玄；象幽而入覆之也。”此章用玄来说明“无”和“有”这两概念，显然是说这两个概念很晦涩，可能会使人难以索解。为什么呢?因为它是非具体的抽象。

二章

题解

世间一切事物都是相对的。在中国历史上，老子第一个明确表述了对立的事物相互依存、相互转化的关系。有趣的是，老子认为美转化为恶，善转化为不善的条件，竟然是“天下皆知”！看似荒唐，实则饱含对社会现实的深入观察。美与善，一旦离开了真，被假造出来，就会走向自己的反面。这种事例难道必须到春秋时代去寻找吗？

老子开出了一个药方：“圣人处无为之事，行不言之教”，“功成而不居”。显然是想要给那些侯王贵族治病的。但这种顺其自然的处世态度，无疑对任何人改善人际关系，增进身体健康，都是有益的。

原文

天下皆知美之为美，斯恶已；皆知善之为善，斯不善已。故有无相生，难易相成，长短相较，高下相倾，音声相和，前后相随。是以圣人处无为之事，行不言之教，万物作焉而不辞，生而不有，为而不恃，功成而弗居。夫唯弗居，是以不去。

译文

天下都知道美之所以为美，是因为有恶生成；都知道善之所以为善，是因为有不善生成。同样的道理，没有有也就没有无，没有难也就没有易，没有长也就没有短，没有高也就没有低，没有音也就没有声，没有前也就没有后。从这个道理出发圣人治理国家都采用无为而治的策略，实行无言的教化，万物生成和兴起后不去进行管理，出现了什么新的物品不据为己有，做什么事也不去计较能否得到补偿。有功于人世间而不居功，只有有功而不居功才能成为万世不朽之功。

评点

此章老子从矛盾的同一性讲起，然后顺势而谈政治论，谈圣明的君主应该如何治理国家。讲相对论是为后面要谈的如何治理国家做铺垫的。既然世间相互矛盾相互对立的事物都是相互依存的，美是因为有丑而才成其为美，善是由于有恶才成其为

善，没有有也就没有无，没有难也就没有易，没有长也就没有短，没有高也就没有低，没有音也就没有声，没有前也就没有后。那么要如何看待世间的一切客观存在呢?显然老子在这里是开始阐述他的“天下万物生于有，有生于无”、“反者道之动”的宇宙观，即天地万物的发展变化最终都要归于无，无又生有，有归于无，周而复始，乃至无穷，世界上的任何客观存在都是合理的。因此要解决世间的矛盾就不能采取压制矛盾的一个方面，扶持矛盾的另一方面的策略，而应采取任其自然，让其自生自灭的策略，也就是无为而治的策略。用现代哲学语言来讲，就是老子在事物的发展变化中，只强调内因的作用而排斥外因的作用，因此他告诫统治者要“处无为之事，行不言之教，万物作焉而不辞，生而不有，为而不恃，功成而弗居”。

对《道德经》此章理解的难点在于“天下皆知美之为美，斯恶已；皆知善之为善，斯不善已”的“已”字和“万物作焉而不辞”的“辞”字。已，金文已、巳为同一字，在辛巳簋中，巳又写作子。《说文》：“巳，巳也，四月，阳气巳出，阴气巳藏，万物见，成文章，故巳为蛇，象形。”因为古文中常有巳、四通用的例子，因此许慎说巳即四字。高亨《文字形义学概论》说：巳，即古胎字，象子未成形。包即古胞字，从勹从巳，可见巳即胎之古文。康殷《文字源流浅说》巳，像古代上端有环，以便悬挂的钩形。四月之四在金、甲文中都有以四横以表示的字形，看来《说文》解释确实有误，许说非是。高、康之说都有一定道理。以高说，巳，可以引申为产生、孕育之意；以康说，可以引申为联接或钩联之意。以高说，就成了我对本章之已的解释；以康说，“天下皆知美之为美，斯恶已”，就可解释为“天下都知道美之所为美，是因为恶与美相关联的缘故”。以康解或高解都说得通，而且句意也相近。有人说已是借已为矣。我看非是。辞，金文写作嗣，有司意，因此可解释为管理之意。

三章

题解

老子的政治主张颇为奇特。他反对重用提拔优秀人才，反对珍爱看重稀世财宝，是为了防止民众争名逐利，防止民众沦为盗贼。“不见可欲”，成了许多人医治世风日下道德沦丧的灵丹妙药，也成了愚民政策的理论根据。

对美好事物的追求和竞争，是人类进步的动力。老子主张牺牲社会进步，以保持社会安定，显然是违反人类本性的，也是不可能做到的。

“不贵难得之货”。老子的告诫可以使人们变得淳朴一些。

正文

不尚贤，使民不争；不贵难得之货，使民不为盗；不见可欲，使民心不乱。是以圣人之治，虚其心，实其腹；弱其志，强其骨。常使民无知无欲，使夫智者不敢为也。为无为，则无不治。

译文

不给贤能的人以特殊的待遇，就能让民众不去争夺名位；不珍视财货，就能使民众不去当盗贼；不展现可以让人引起欲望的事物，就能使民众不在思想上引起惑乱。因此圣人在治理民众的时候，都采取使其心里无所想，使其都能吃上饱饭，削弱民众的意志，强健民众的筋骨的策略。这样就会使民众经常处在无知无欲的状态之中，使那些头脑复杂智计巧妙的才能之士也不敢有所作为。在治理国家中采取这种无为的办法，那么就没有治理不好的。

评点

上章老子从理论层面提出在治理国家中为什么要采取无为而治的策略。治理国家在一般意义上看来，就是要解决存在于社会中的诸多矛盾。但这些矛盾不是想解决就能解决得了的，矛盾的产生是天道循环的结果，是社会发展的规律，因此要采取任其自然无为而治的策略。此章则具体而微地谈怎样进行无为而治。老子为统治者献上了三不做二要做的妙计。三不做为：不尚贤，使民不争；不贵难得之货，使民不为盗；不见可欲，使民心不乱。二要做为：虚其心，实其腹；弱其志，强其骨。老子生活在春秋时代，其时诸侯并起，战争频仍，以下犯上之事时有发生，智谋巧智之士奔走于诸侯之间为社会兵连祸结推波助澜。老子认为社会之所以会产生祸乱，是为崇尚贤能使民有争心所致，因而要消除祸患就得使人无知无欲，巧智不生，采用愚民政策。这不仅违背了社会发展规律，阻碍社会发展，而且也只不过是一种幻想而已。

此章容易引起歧义的词是"不见可欲"的"见"字。许多人都认为"见"即为看，由此理解为"不看可以引起人欲望的事物"，我觉此解不妥。我认为此章是专门讲统治者应如何治理国家的，"不看"显然不是说不让统治者去看，而是让民众见不到。要使民众见不到，那么唯一的办法就是不让可以使民众引起欲望之事物在民众中出现。所以"见"应为出现、显现之意。"见"除了看义之外，一个重要的字义就是作为"现"之本字。

四章

题解

本章论述道的体象。

老子用一个“冲”字描述道的体象。冲，就是虚空，无形无象。在空间上，道无所不在，没有边际；在时间上，道没有开端，没有尽头，“似万物之宗”，“象帝之先”，是一切事物的本始 。

老子提出的挫锐解纷和光同尘，是一种缓和矛盾，避免冲突的哲学主张。这种主张在五十六章又重复一次。马叙伦等人认为这几句与本章论述内容无关，是衍文。

正文

道冲，而用之又弗盈。渊兮似万物之宗，挫其锐，解其纷，和其光，同其尘，湛兮似或存。吾不知谁之子，象帝之先。

译文

道是一个大器皿，无论怎样往里装东西它都永远不会溢出；道是非常深广的，它纯朴天然是万物产生的本原。它对万物具有挫磨锋锐，解除纠纷，给万物以光和热，让万物共同生活在同一片大地上的伟力，它就如清澈的水可以毫无偏袒地照见万物的一切作为，对有些作为它要做长久的存留和记载，以便适时地做出奖惩。我不知道道是由什么产生的，但我知道道的出现是在天地生成之前。

评点

此章老子是在讲道的属性。道有什么属性呢?(一)道是虚空的,可以容纳一切。“道冲,而用之又弗盈”。冲,研究《老子》的诸家都说“冲”即盅,《说文》:“盅,器虚也,从皿从中,中亦声;老子曰:‘道盅而用之。’”可见许慎当时所见到的《老子》此章的冲字还写作盅。(二)道是非常深广的,它纯朴天然是万物之生的本原。即“渊兮似万物之宗”。“渊”,深广之貌。“似”,晚周铭器都写作“佁”,《说文》:“佁,痴儿也。”“痴”,引申为纯朴天然,并非是“傻”之义,如说“傻”就不会说“痴儿也”,而应为“痴人也”!显然是以儿童的纯朴天然以征道之纯朴天然。(三)道是公允的。它“挫其锐,解其纷,和其光,同其尘”。“其”是指天下万物而言。“和”,是调和之意,康殷《文字源流浅说》和为盉之本字,盉为调和酒之器,后省为和,故和亦有调和之意。道之至公,是因为道损有余而补不足,即“挫其锐”;通过物竞天择而使生态平衡,即“解其纷”;根据万物的各自需要调和分配光和热,即“和其光”;让万物共同生存在同一片大地上,即“同其尘”;道就像清澈的水可以毫无偏袒地照见万物的一切作为,对有些作为要做长久的存留和记载,以便适时地作出奖惩,即“湛兮似或存”。此处之“似”是毫无偏袒,依实记录之意。(四)道是永恒的。世间万事万物的产生都有其本源,我却不知道道是由什么产生的,我只知道道的产生是在天地产生之前,可见道是永恒的,即“吾不知谁之子,象帝之先”。“帝”,实指天地而言,天地之生,即有天帝,此借天帝以指天地。

从以上老子对道之属性的描绘,我们完全可以看出,老子所说的道是指一种物质世界中的未知的物质而言,道用看不见的手统辖世界。

五章

题解

大自然是没有感情的，它对万物都视同祭坛的贡品；老子理想中的君主也是不动感情的，对一切人都任其自生自灭。

老子不认为仁是美德。他说“大道废，有仁义”，“绝仁弃义，民复孝慈”。可见“天地不仁”，“圣人不仁”，并不是诋毁天地，谩骂圣人。老子很不喜欢同情啊、怜悯啊之类的，在他看来，仁爱似乎有点婆婆妈妈的味道。

把大自然比作橐籥，即一座硕大无朋恒动不息的风箱，意在强调虚空的作用。

谷神，是道的别名，它能生天地养万物。玄牝，也是道的别名，指生养的功能。

正文

天地不仁，以万物为刍狗；圣人不仁，以百姓为刍狗。天地之间其犹橐籥乎！虚而不屈，动而愈出。多言数穷，不如守中。谷神不死，是谓玄牝。玄牝之门，是谓天地之根。绵绵若存，用之不勤。

译文

天地对世间万物没有亲没有爱，把世间万物当做草束之狗一样看待；参悟了道的真谛的人也没有亲没有爱，把老百姓当做草束之狗一样看待。天地之间就像一架大风箱：中间虽然是虚空的，但绝不因其虚空而天就塌下来，万物在天地之间就像这架大风箱的活塞，只要有所行动，风箱里的空气就会涌动起来，冲之欲出，破坏了原有的秩序。因此，巧言令色智谋百出，莫如坚守自然无为。虚无的本质是永恒，所以把它称之为不可琢磨的母体；这个神秘的母体的门户，我们把它称之为产生天地的本原。这个母体像空气一样绵绵不断看不见摸不着但又感觉得到有它的存在，当它产生天地万物之时又看不到是如何产生出来的。

评点

前章老子着重概括道的属性，此章在前章之基础上进而谈根据道的属性如何循道，即如何遵循道的法则、为什么要如此循道、道自何始等问题。(一)根据道的属性如何循道呢？“天地不仁，以万物为刍狗；圣人不仁，以百姓为刍狗”。“仁”，《说文》：“仁，亲也。”

仁的本义是亲之爱之之意。“刍狗”，是用草扎束而成的假狗，犹如现今人们在祭祀死人时所扎束的纸牛纸马一样是古代祭天地时的祭品。这里老子没有直接讲怎样循道，而是以天地、圣人之循道，而告诉人们怎样循道。最高层次的循道是天地之循道，对世间万物一体同视，草木人畜没有什么分别，都像对刍狗一样，对谁都没偏没爱。次层次的是参悟了道的真谛的圣人循道，圣人对世间所有的人都一样同视，富贵贫贱皆无分别，都像对待刍狗那样没偏没爱。无爱亦即无恨，无爱无恨也就听其自然，任其自生自灭。二、三两章都讲到了无为而治的思想，但都是就统治者如何治理国家而言的。这里老子更把这种自然、无为的思想推及到了一切事与一切物，而且是有天地、圣人的作为为凭的。(二)为什么要这样循道呢?老子设喻讲道讲为什么循道。“天地之间其犹橐籥乎?虚而不屈，动而愈出。多言数穷，不如守中”。“橐籥”，古代称风箱为橐籥；“虚”，空无；“屈”，弯曲；“数”，同术，指耍谋略；“中”，《说文》：“中，内也。”老子以风箱作喻讲道讲为什么循道。道的运行规律就是自然法则，不是以人的意志为转移的。天地之间好比一架大风箱，中间是空的，但绝不因为它中间空，上面的天就落了下来，生存于天地之间的万物就好比是风箱的活塞，一有作为就等于推动活塞，挤压空气冲出风箱，于是就破坏了原有的秩序，就出现了物竞天择，这是不以人们的意志为转移的。因此世间之事就要任其自然，人在天地间要做到无为，巧言令色使尽智谋劳心劳神，还不如坚守自己的纯朴天然不去干涉外界之事。(三)道自何始?道本永恒，道本无始无终，但要讲道自何始，如从天地之产生去讲道之始，那么道即从无始。“谷神不死，是谓玄牝。玄牝之门，是谓天地之根。绵绵若存，用之不勤”。“谷神”，谷的本质，古人给概念配对，常把形配神，形是现象，神是本质；“玄牝”，神秘的母体；“勤”同觐，《金文编》勤，通觐，《中山王礜壶》堂勤于天子之庙。谷为虚空，为无；谷的本质为永恒，那么“无”也就是永恒的。我们把永恒的“无”称作“神秘的母体”，这个神秘母体的生殖之门，我们把它称作“天地产生的本原”。这个神秘的母体之门绵绵不断每时每刻都在产生着物体，但在它产生物体之时又是看不见摸不着的。那么如果从天地产生时去讲说道之始，道自无始。从无到有，从有到无，循环往复，以至无穷。无亦永恒道亦永恒。

六章

题解

老子发现了天地长存的奥秘，在于“不自生”，即不谋求自身的生存。没有生命的物质，比起有生命的物质，存在的时间总是要长一些。

老子从天地长存中受到启发，总结了古往今来许多人的实践经验，提出一个充满辩证法精神的观点：“后其身而身先，外其身而身存。”站在人群之中，才能领导民众；把自己的生命置之度外，反而能活得更好。

“无私，故能成其私。”忘掉自我，才能完善自我，实现个人的价值。

正文

天长地久。天地所以能长且久者，以其不自生，故能长生。是以圣人后其身而身先，外其身而身存。非以其无私邪？故能成其私。

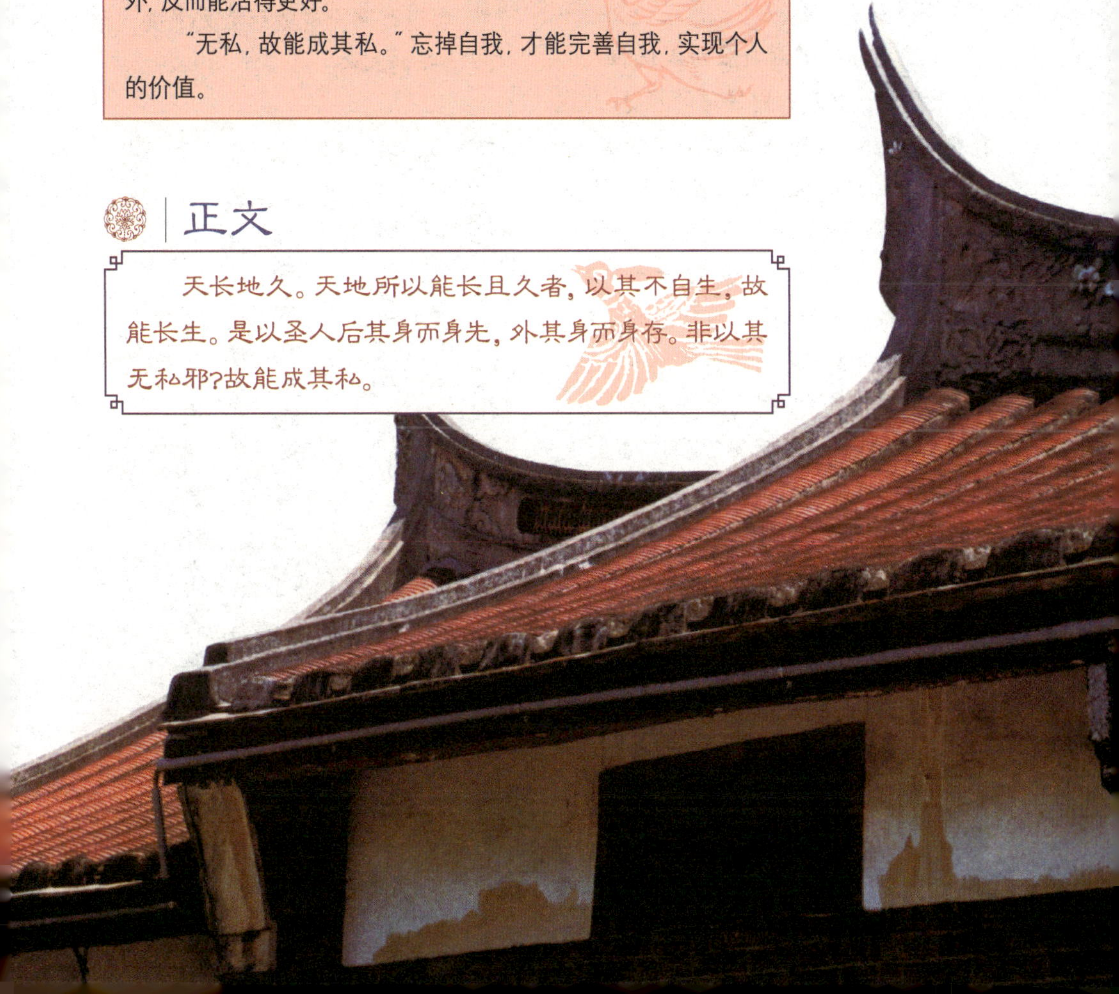

译文

天地的寿命是最长久的。天地的寿命之所以能长久，是因为天地本身并不谋求它寿命的长久，因此它们的寿命才会长久。根据这个道理，圣人对把自身的人生追求置于遵循自然法则(道)之后，所以他才能先人一步完成自身追求的目标；把自身置于纷扰杂乱的世事之外去观察自然和社会的发展变化，才能妙悟道的真谛从而保存着真正的自我。这难道不是由于他的无私，因此而达到了真正的拥有吗？

评点

此章老子以其对自然的认识推及人事。上章老子讲到如何循道的问题，循道就要得道，不得道也就没法循好道，因此他从对自然的认识推及圣人是怎样得道的，从而也就告诉了人们怎样做才能得道。在对上述思想的论证中，老子阐述了他的“有”、“无”相生的辩证思想，进一步宣传他的自然无为的世界观。

对此章的理解，解老诸家多有歧义，产生歧义之因是如何理解“以其不自生”；“后其身而身先，外其身而身存”等语句。有人认为“以其不自生”是指天地不是自己生成的，是由道产生的，因此能够长生。我认为此解非是，按照老子的认识：什么是道？道就是物质世界还没被人感知的未知物质，它是世界的本原，它有无生有，有生无循环往复以至无穷的功能，不仅天地是由道产生的，世间万物都应为道所产生，何以天地可长久而万物不长久呢？显然并非指由谁产生而言，而是产生之后的作为而言，天地能长久，是因为天地不自谋长久；万物不长久，是万物自谋长久。“后其身而身先，外其身而身存”。魏源《老子本义》：“是以圣人处柔处，本以先人而后其身也，而人愈贵之；本以利人而外其身也，而人愈不害之。”魏源对此两句的解释近乎儒家之所谓的“忍”和“让”，这种以儒释道，必非老子本意。老子思想的核心就是本以自然和无为，“身先”讲的是自身的自我超越，是讲得道在人之先，绝非求得让人“贵之”；同样“身存”讲的是保持真实的自我，即“人之初，性本善”的自我，绝非求得“而人愈不害之”。魏源之解大有功利主义味道，显然不是老子的本意。

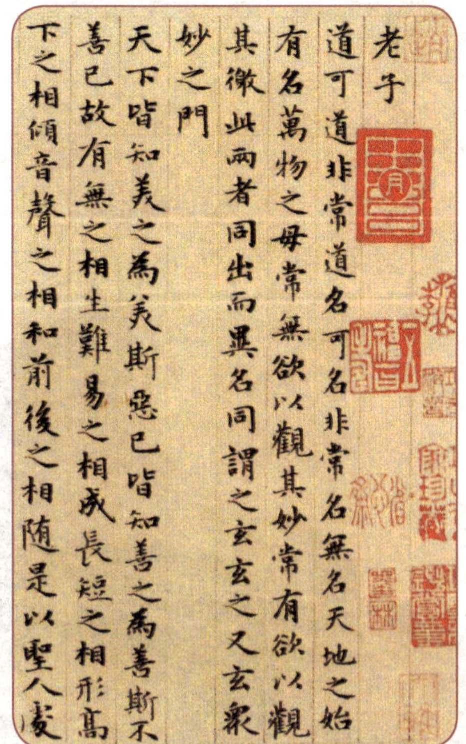

七章

题解

老子觉得水能较全面地体现道的哲学含义。它谦和柔顺，甘居卑下，在永恒的变动中表现其善性。

孔子说："智者乐水。"水给予哲人的启示太多了。

正文

上善若水，水善利万物而不争，处众人之所恶，故几于道。居善地，心善渊，与善仁，言善信，正善治，事善能，动善时。夫唯不争，故无尤。

译文

高层次的美德就像水一样，水以其美好的品德滋润万物而对万物又无所求，自甘居于别人都厌恶的地方，因此水就很接近于得道了。(同样的道理，人生选择也要和水一样)，居住之地要选择自然祥和之地；心理状态要调整得自然祥和像深渊一样无波不惊；与人相处要给予人以祥和和亲爱；对人讲话语气要祥和语言要诚实；(假如你是统治者，那么你在治理国家或地方时)为政要正大光明以祥和自然为本；做事要以自然祥和为原则尽心尽力；(如有所举动)举动要坚守自然祥和的宗旨选择最好的时机。因为只有不为自身谋求，因此才能不改变真正的自我，才不会有灾异降临到头上。

评点

上章老子以天地和圣人(得道者)为例讲怎样才能得道，然而世间之人毕竟并非全是圣人，并非都能体会道之自然和无为的神髓，因此老子退而讲其次，讲什么样的人才接近于得道了。在老子所处的时代，是百家并起的时代，由于当时诸侯争霸，而儒家思想较之道家思想对诸侯争霸是更有用的理论，因此儒家思想被接受的程度也较道家思想为高。于是老子摘取儒家思想中与道接近的部分，说明自我修养要达到什么程度才能接近于得道。儒家思想中最接近于道的是“仁爱”，“仁爱”思想和后来传入我国的佛家思想又有某些相通之处，可见老子所说的道，从自身修为来讲是较儒家所讲的自身修为更高一个层次的境界。老子在铺陈“仁爱”思想时，难免把道家思想杂糅其中，也就是说是以道家思想去体会儒家的“仁爱”观，因此他把“仁爱”观作为还没有得道，但已接近于得道的较低层次的自我修养观。老子认为当其时代，真正得道的是天地和圣人，“天地不仁以万物为刍狗，圣人不仁以百姓为刍狗”，得道者是无亲无爱的，是完全融入自然因而也就完全无为的，“仁者爱人”、“舍身饲虎”都没做到自然无为，与道相比都等而下之，因此老子讲“上善若水”而不讲“道之若水”。但老子同时又认为：当其时代，“仁爱”思想也是值得提倡的，因而他摘取当时人们较为熟知的儒家“仁爱”观来说明怎样进行自我修养才能接近于得道。

此章容易引起歧义的词为“善、动、尤”。善在此章凡九现，除第一个善字应解为美外，其余八现皆为“祥和”之意。《说文》：“善，吉也，与美、義之意同。”动，举动之意，并非行动之动。如解为行动，那么前句已有“事善能”，事即做事，做事则必然有行动。当老子之时代，诸侯争霸，常有征伐，老子这里显然是说，举动征伐之事必须以使社会祥和作为宗旨，而且要待机而动，不能仓促行事，即“动善时”。尤，金、甲文均为狐形，《说文》：“尤，异也。”狐善变，因此以狐形表示变化。古人以为：天有变、地有变都是因为人的作为改变了人之自然本性而引起的。天有变、地有变都会有灾祸降临于人，因此“尤”又引申为有灾祸之意。

八章

题解

满满的一杯水，不可能长久端着而不溢出；锻造得尖尖的一柄椎子，不可能长久保持锐利而不受折损。要想长久保有财富和权力而不致丧失，只有"功成名遂身退"，不要骄傲自满，不要锋芒毕露。

这就是老子给那些拥有权力而滥用，拥有财富而挥霍的人，开出的一剂苦口良药。

正文

持而盈之，不如其已；揣而锐之，不可长保。金玉满堂，莫之能守。富贵而骄，自遗其咎。功遂身退，天之道。

译文

把物品盛入器中，使物品从器中流淌出来，不如其量可以完全容纳于器中；把金属物锤打得又尖又锐，此金属物也就容易断折。(同样的道理)金玉满堂，没有办法能守得住。富贵之后就骄傲奢侈，是自己给自己留下的隐患。功业完成之后不谋求从功业中得到好处，是天道的法则所要求的。

评点

六章和七章老子讲的是做到什么程度才能算是得道的问题，分两个层次讲得道的最高层次和次级层次，而次级层次是接近于得道还没有得道的层次。此章老子则旨在说明为什么说像上两章所讲的去做就能得道或接近于得道呢?老子的回答是：天道有度，世间的万事万物只要超过天道所容之度，就要受到自然运行法则的惩罚。老子为了说明这个道理，所以借喻明理，由浅入深。同样采取以自然之理推及人事之理的办法，“持而盈之，不如其已；揣而锐之，不可长保”，是讲自然之理，是讲天道有度。此度是多少?没法说。只得举个例子：如以器盛物，把它装得太满以至满得都流淌出来，那么流淌出来的就等于没有装进去；与其如此，还不如装满为止。这个度的大小，就是“量器以为用”，不能强用，强用则违了天道之度。把金属锤打得又尖又锐，那么这个尖锐之物就容易断折。这个度的大小就是这个金属物可以自保的粗细之间的限度，超过这个度则违了天道之度。以天道之度以推人事之度，那么“金玉满堂”则违了天道之度，其结果是天道必然“损有余而补不足”，最终要失去满堂金玉；“富贵而骄”则违了天道之度，其结果是必然有一天会得到报应。再以“功遂身退”作结，进一步阐述自然无为的思想。功业完成之后不自己谋求从功业中得到好处，是自然无为的自我修身观念的体现，所以是符合天道法则的。

此章容易引起歧义的词是：“持”、“揣”和“已”。“持”，《说文》：“握也，从手，寺声。”是把物拿在手里之意。在此章是持物往器里装之意。“持而盈之”即“持物入器而盈之”，省略了持之宾语和入器(短句)。有人说，持是庤的同音假借，“庤”，《说文》：“储之屋下也，从广，寺声。”是储藏之意。我看非是，以下文对照即可明白。“揣”，《说文》：“量也从手耑声，度高而揣，一曰捶之。”是揣摸之意，但同时又作捶用，“捶”即锤。本章之“揣”即锤打之意。与上文一样“揣而锐之”即“揣物于砧令其锐”。省略了揣之宾语和于砧(介词结构)。“已”，包孕之意。与二章之“已”用法相同。有人认为“已”是“无”义，我看非是。

九章

题解

养生与修身的统一，是老子自我完善的一大特点。灵魂与躯体相亲合而不离散，专心致志地修炼以达到如婴儿一般的柔弱淳朴，涤除意念中的尘垢翳障以达到明彻鉴察，这些既是思想意识的涵养，也是气血精神的调摄。而要做到这一切，必须屏除情欲，屏除争雄好胜之心。在老子看来，实现自我完善的唯一障碍在于自身。养生与修身，实质是自我超越的过程。

正文

载营魄抱一，能无离乎？专气至柔，能如婴儿乎？涤除玄览，能无疵乎？爱民治国，能无为乎？天门开阖，能为雌乎？明白四达，能无以知乎？生之畜之，生而不有，为而不恃，长而不宰，是谓玄德。

译文

承载和驻扎着魂魄的身体与魂魄合抱而为一体，能做到魂魄须臾也不离开吗？专心以呼气吸气来调理使心境平和，能做到像婴儿那样心无所虑纯真自然吗？清除心中的杂念用道这面神妙的镜子照照自身，能做到一点瑕疵(杂念)都没有吗？爱民治国，能做到实行无为而治吗？耳眼口鼻开闭张阖之间接触到世俗间的花花世界，能够做到不起争竞之心而甘心雌伏吗？把世间任何事都了解得清清楚楚，能做到把它们忘得干干净净重新回到一无所知的境地吗？(对人类以外之动物)繁殖它，饲养它，繁殖它而又不占有它，饲养它而又不以饲养之功而作为依恃对其有所图报，等它长大了不去宰杀它，这就是所说的达到了道之德的含意。

评点

此章老子是专门讲给那些“问道”和“求道”之人听的。在老子那个时代，百家并起，道家亦是百家中的一家，有时各家之间既有互相诘难，又有互相学习，孔子就曾问道于老子。除问道之人外，各家又都有很多信徒，孔子弟子三千；荀子、墨子等也都不乏学徒；老子据说没有门徒，庄子只是继承了老子的思想，并不是与老子同时代的人，因此不算老子的门徒，但是也不能据此就说老子没有信徒，相信在老子时代，肯定有信奉老子学说的人在，由信奉而“求道”的人应当是存在的，只不过没有能成为老子所首肯的学徒而已。因此老子做此章以回答那些“问道”和“求道”之人。重点阐述两层意思：一是得道之难，二是修道必先修德。讲得道之难，老子用了六个设问句，此六个设问句在“问道”之人看来是旨在说明得道之难，而在“求道”之人看来则成了修道之法了。

“载营魄抱一，能无离乎？”在老子看来人的身体和魂魄两者都是独立存在的，身体是车是营房，魂魄寄存在身体之上。当人处于自然人状态时，魂魄和身体合抱为一，当人处于社会人状态时

魂魄则游离人身之外。处于自然人状态则能达到抱元守一物我两忘(依据老子的辩证法，达到了无他，自然也就达到了无我)，处于社会人状态将不断受到外物之侵扰，不能忘情于七情六欲。老子此句之意，即：你想得道吗?那么你能不能做到身魂合一而须臾不离呢?载，《说文》："乘也。"即承载之意；营，《说文》："市居也。"即很多人住在一起之意，亦即营房之意。"专气至柔，能如婴儿乎?"在老子看来气为至柔之物，以呼气吸气来导引和调理人身，能使人回到自然人之本性。专气，专心一意地做以气导引功夫。至柔，由于气为至柔，以气导引人也会因而至柔。"涤除玄览，能无疵乎?"在老子看来，人之得道必须做到一任自然心无杂念，有杂念即为有疵，所以老子说你要得道，先用道这面镜子照一照，你做到了心灵的净化已经没有一点瑕疵了吗?"涤除玄览"实为"涤除心尘以玄而览"之省，老子惯用这种省略之句。"涤除"，即清除；玄，指道；览，《长沙马王堆汉墓帛书老子》乙本作监，览、监古义同，金、甲文之监字字形即为低首面对盆而借水自照之人形，因此览即以镜自照之意。"爱民治国，能无为乎?"无为而治思想，老子在《道德经》第二章就已经提及，这里不再赘述。"天门开阖，能为雌乎?明白四达，能无以知乎?"老子看到了要把社会人重塑为自然人，让人完全与外界社会隔绝是不可能的，人既然必然要与外界社会接触，那么人在"天门开阖"之际就必然目有所见，耳有所闻，鼻有所嗅，口有所尝，物欲难免会由眼、耳、鼻、口侵入心灵；人在"明白四达"之时，又难免会进行分析推演从而

设计用谋。所以老子设问：你能做到见如未见，闻如未闻，嗅如未嗅，尝如未尝，知如未知吗?天门，指耳眼口鼻；明白四达，指知识丰富。

以上六句设问是借以讲得道之难，同时也传授了修道之法。一言以蔽之：得道须从社会人而回归为自然人；修道须从以上六个方面去着手。得道既然如此之难，那么不就造成了人人都望而却步了吗?所以老子又告诉那些"问道"和"求道"之人，修道必先修德，得德就不像得道那么难了。何谓得德?"生而畜之，生而不有，为而不恃，长而不宰，是谓玄德。"在这里老子没讲理论，举了一个例子：就像你养家畜一样，家畜生下来了，你就饲养它，但你并不把它看做是你所拥有的财产，你不因为饲养了它，就觉得对它有恩而随便地役使它，等到它长成了或老了也不去宰杀它，这就是道家所说的德。老子这里是以饲养家畜为例，实际上可以推及广远，治理国家处理君臣黎庶的关系如此，处理人与人的关系如此，处理人与自然界的关系也是如此。畜，饲养；玄德，道所体现出来的德。

十章

题解

老子观察问题的角度十分独特。车辆、器皿、居室的空间，恰好体现了这些器物的使用价值。老子从这些现象中，概括出一条结论："有之以为利，无之以为用。"

如果我们都能从事物的正反两个侧面观察问题，将会减少许多片面性。

正文

三十辐共一毂，当其无，有车之用。埏埴以为器，当其无，有器之用。凿户牖以为室，当其无，有室之用。故有之以为利，无之以为用。

译文

三十根车辐条共同以车轴的轱辘为支点，就是因为这个车轴的轱辘是中空的，所以它有造车的功用。用粘土烧制陶器，就是因为把陶器造成空谷之形，所以它才有盛装物品的功用。建造房子开凿出门和窗，就是因为房子的中间是空的，所以它才有居住人的功用。从这个道理出发，(有和无之间的关系)：有，是以获利作为终极目标的；无，是以有用作为终极目标的。

评点

对于此章，解老诸家多数认为老子是讲“有”、“无”之间的关系。我认为这是对老子写作此章原意的误解。老子在此章仍然是讲修道之理，仍然在强调作为高级动物的人应该从社会人、经济人回归到自然人。人的本性之所以由“性本善”而转化为“习相远”则是由于物欲的膨胀所使然，所以老子借讲物之有用而谈人生的占有观和人生的淡薄观，指出占有观和淡薄观的各自属性。“三十辐为一毂，当其无，有车之用。埏埴以为器，当其无，有器之用。凿户牖以为室，当其无，有室之用。”是讲物之所以有用的道理。毂，车轮套接车轴的空心部件，俗称葫芦头。当，中间。埏埴，以水和粘土和泥。户牖，门和窗。此三句举例说明物之有用是因为“无”，亦即都有其实中之虚的部分。“故有之以为利，无之以为用。”有之，占有之。无之，把已拥有之物不看做是自己所有。在老子看来人之有占有欲望，是因为该人是把获取到利益作为人生的终极追求的，而人之对任何财物包括自己所拥有的都看做是虚的，都生不带来死不带去，那么该人是以物之对人有用作为人生终极追求的，老子这里所谓之有用，是从人的生理基本需要作为出发点的。老子反对那种物欲膨胀的占有欲。

十一章

题解

物质享受会给人的身心造成伤害甚至灾难。这并非危言耸听，也并非狐狸吃不到葡萄就说葡萄酸。

正文

五色令人目盲，五音令人耳聋，五味令人口爽，驰骋田猎令人心发狂，难得之货令人行妨。是以圣人为腹不为目，故去彼取此。

译文

艳丽的色彩会使人的视觉神经受到刺激导致眼睛功能降低，好听的音乐会使人的听觉神经受到刺激导致耳朵功能降低，好吃的美味会使味觉神经受到刺激导致口舌辨味功能下降，骑马围猎会使纯净的心灵受到刺激导致心猿意马收束不住，珍贵的稀世之物会使人的纯朴本性受到刺激导致做出伤天害理的事情来。从这个道理出发圣人对物的追求只求能满足生存的生理需求而不去追求额外的其他享受，因此圣人行事只追求用而不追求利。

评点

此章是承接上章继续讲人生的追求问题，上章老子讲到人之对物的追求有两种态度，或者叫两种观念：一种是占有欲，即“有之以为利”；一种是淡薄观，即“无之以为用”。此章则从占有欲的害处讲起：“五色令人目盲，五音令人耳聋，五味令人口爽，驰骋田猎令人心发狂，难得之货令人行妨。”五色，古人认为世间基本色分为五种即青、赤、黄、白、黑，这五色指艳丽之色彩。五音，古人认为声音也分五阶，即宫、商、角、徵、羽，这里代指动听的音乐。五味，古人认为味有五种甜、酸、苦、辣、咸，这里代指美味。爽，金、甲文字形多作人张两臂而腋下如网之状，显然是指腋下衣有孔透亮，以便天热通风之用以说明凉爽之意。《说文》：“爽，明也。”徐锴注：“大其中隙缝光也。”许说、徐注都甚晦涩难明，是许、徐都没认识到大字即伸臂张腿的人形之故，口爽即指口感好之意。有人认为爽即伤，我看非是，老子在此用口爽是说五味对味觉器官的刺激作用。妨，《说文》：“害也。”行妨，即为害社会的行为。吃喝玩乐，声色犬马，在老子那个时代是贵族阶级所极力追求的人生享受，是人的占有欲之所以产生的源泉，所以老子告诉人们，占有财富有什么用？还不是用来吃喝玩乐、声色犬马？但这都是对人有害的，以此而推论出占有本身就是对人有害的。陈述完占有欲的有害性，老子接着讲圣人对此怎么看，也就是老子认为应该怎么做。“是以圣人为腹不为目，故去彼取此”。目，是目盲等的总括。去彼，抛弃对利的追求。取此，取对用的追求。充分体现了老子对人生的物质追求也是以自然、无为作为原则的。

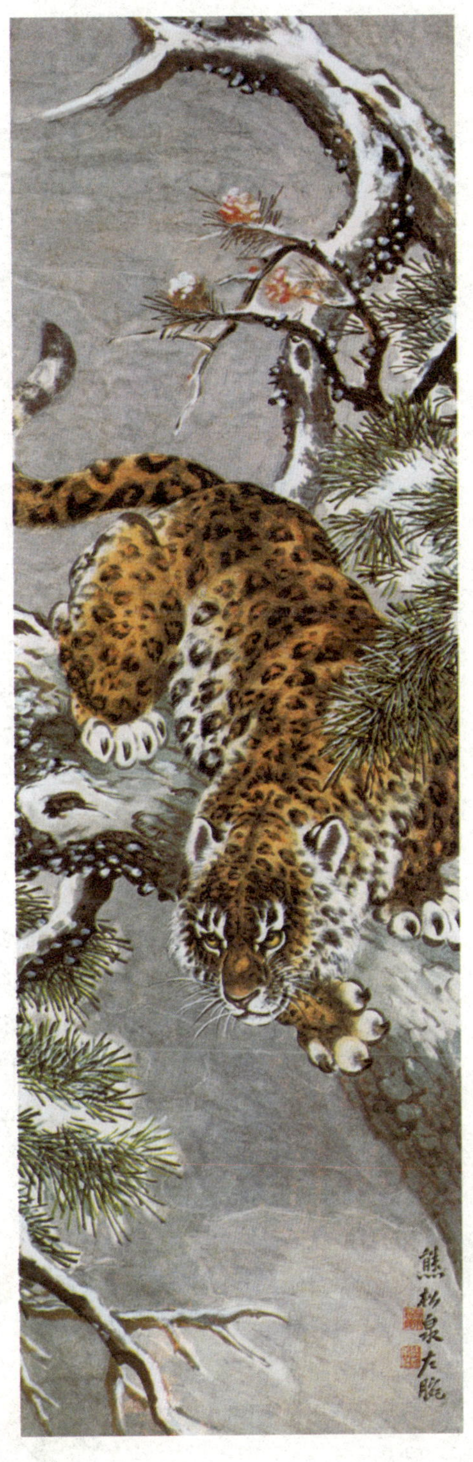

十二章

题解

受宠与被辱，都是外物加于己身。如果连自己的身体都不顾惜，还有什么荣辱？

正文

宠辱若惊；贵大患若身。何谓宠辱？宠为下，得之若惊，失之若惊，是为宠辱若惊。何谓贵大患若身？吾所以有大患者，惟吾有身，苟吾无身，吾有何患？故贵以身为天下，则可寄于天下；爱以身为天下，乃可托于天下矣。

译文

（平常的人都有一个共同的弱点），得宠或受辱就会惊喜或惊惧；看重心中的忧虑就像看重自身一样。什么叫做宠辱呢？得宠是因为你身居人下，是靠主人恩赐给你的，所以你得宠就会感到惊喜，失宠就会感到惊惧，这就叫宠辱若惊。什么叫贵大患若身呢？我所以有那么大的忧虑，是因为我有对我自身的患得患失，假如我完全不考虑我自身的得失，那么我还有什么可忧虑的呢？因此（对待天下之事）如果以自身的患得患失去治理天下，那么你只配寄身于天下做个普通之人而不配去治理天下；如果你像爱惜自身那样爱惜天下，那么就可以把天下事托付给你，让你去治理天下。

评点

上章老子讲的是他所提倡的物质追求观，此章老子讲的则是他所提倡的精神追求观。在物质追求观上老子反对物欲膨胀极度享乐的人生追求而提倡以生理需要作为占有物品和消费物品的尺度，即人生对物质的追求应为用而不为利。在精神追求上应该是个什么样子呢？老子通过对世间常人的人生精神追求的批判，提出人生高层次的精神追求应该是不对自身之利益患得患失，而应像爱惜自身那样去爱惜天下。对世间常人的精神追求的批判，是老子阐述他自己的人生精神追求观的入题。“宠辱若惊；贵大患若身”是世间常人的普遍心态。“宠”，荣耀，得到恩宠；“辱”，屈辱，受到屈辱；“若惊”乃惊，就惊喜或惊惧；“贵”，以之为荣，看重；“大患”，极强的忧虑；“若”，如。得宠就惊喜，受辱就惊惧；把心中的忧虑看得与自身的生死存亡同等重要，这就是世间常人的普遍心态。为了怕读者把以上两句话理解错了，老子又作了解释：“何谓宠辱？宠为下，得之若惊，失之若惊，是为宠辱若惊。何谓贵大患若身？吾所以有大患者，惟吾有身。苟吾无身，吾有何患？”“有身”，心里还存有自身的利益；“惟”，就是因为；“苟”，如果；“无身”，无自身利益之念。为什么世间常人会存在那种普遍的弱点呢，老子在把他提出的世间常人在人生精神追求中普遍弱点做了解释之后，又分析了产生这种心态的原因，那就是世间常人还在念念不忘其自身利益，还去为自身利益患得患失。于是老子又提出了他所提倡的人生精神追求观，老子没有直接告诉人们他所提倡的人生精神追求观是什么，而是用可当大任者和不能当大任者的对比来说明人们应该有什么样的人生精神追求观：“贵以身为天下，则可寄于天下；爱以身为天下，乃可托于天下矣。”如果以自身的患得患失去治理天下，那么你只配寄身于天下做个普通之人而不配去治理天下；如果你像爱惜自身那样爱惜天下，那么就可以把天下事托付给你，让你去治理天下。老子所提倡的人生精神追求观，就是把自身融于天下之中，没有自己的利益只有天下的利益。自九章以至此，老子讲的都是修德而非修道，修道要比修德更为高一个层次。修德讲求“生而畜之，生而不有，为而不恃，长而不宰”。讲求“无之以为用”。讲求“爱以身为天下”。而修道讲求的是纯粹的自然和无为。

十三章

题解

道是抽象的，无法用眼、耳、手直接感知。它既非光采夺目，也非漆黑一团。它是从历史经验中总结出来规律。老子说的“执古之道”，“能知古始”，不就是历史教训吗？

正文

视之不见名曰夷，听之不闻名曰希，搏之不得名曰微，此三者不可致诘，故混而为一。其上不皦，其下不昧，绳绳兮不可名，复归于无物。是谓无状之状，无象之象，是谓惚恍。迎之不见其首，随之不见其后。执古之道，以御今之有。能知古始，是谓道纪。

译文

看又看不见，给它取个名字叫做夷；听又听不到，给它取个名字叫做希；捉又捉不住，给它取个名字叫做微；对它的解释至此已经没法再说得清楚了，因此把它这三个特点混合在一起笼而统之地把它叫做一。(硬要说一是什么样子的话)，只能这样描述：它的上面部分不明亮，下面部分也不黑暗，它像绳子一样垂直而挂无可名状，复归于它的本来的面目就是什么也没有。这就是所说的没有形状的形状，没有形象的形象，说到底一就是所说的恍恍惚惚似真似幻。若迎着它走去看不到它的头面，若跟随它走又看不到它的背影。它用原始自然法则，统御和主宰现实的社会存在。它能知道天地自何而始，它(一)就是所说的道的法则。

评点

老子在此章描绘的是一个超乎于物质世界之外的东西，老子为这个超乎物质世界之外的东西取个名字叫做“一”或者“道纪”。究竟这个“一”或者说“道纪”是什么？魏源引吴澄说，认为老子在这里所讲的是德迹，今人解此章多说是描绘的“道”。我认为均都非是。德是一种人之修养境界，这种境界虽然也可说成是看不到，听不着，抓不住的，但它毕竟可以通过人的行为而表现出来，当它表现出来的时候，就成为了具体的实在了。就具体人的德性修养来说“德迹”在大多数情况下应该是彰显的。对道，老子在第六章已有所描绘，而且老子说：“道生一，一生二，二生三，三生万物。”“一”既然为道所生，显然非道，这是不言自明的。那么老子在此章所描绘的“一”或者说“道纪”是什么呢？我认为老子在此章所描绘的是“道之法则”，或者说是“一条修道之路”。“道生一”即道形成之后就产生了它的自身法则，于是道也就循着这条法则运行。于是“道生一，一生二，二生三，三生万物”。为什么说也可以说老子所描绘的也是“一条修道之路”呢？据说老子之作《道德经》是他西出函谷关，应人所请而作。当然对此一传说，史学家、解老诸家都多有疑问，甚至对老子为谁，《道德经》究为何人所作，至今仍然纠缠不清。但我们却敢肯定，《道德经》绝非某人突发奇想，作以为自娱自乐，而应是作者作以为传世，并寄望于教化世人的。世人要读经修道，显然至为重要的是想知道修道之路是什么样的，应该怎样走法！于是老子在讲道之法则是什么样子，实质上也是在讲修道之路是什么样子。老子告诉那些有志于修道者：修道之路是看不见，听不着，抓不住，恍恍惚惚似真似幻的像绳子那样的一条线，它是超于物质世界之外的一种存在，它是能够与你心灵相通，得用心去体会感悟的东西。修道不可用感官去体验，不能依靠别人的援引，只能用心灵去通达。

天地不仁以萬物為芻狗聖人不仁以百姓為芻
狗天地之間其猶槖籥乎虛而不屈動而愈
出多言數窮不如守中
谷神不死是謂玄牝玄牝之門是謂天地根
緜緜若存用之不勤
天長地久天地所以能長且久者以其不自生故
能長生是以聖人後其身而身先外其身而身
存非以其無私耶故能成其私
上善若水水善利萬物而不爭處衆人之所
惡故幾於道居善地心善淵與善人言善信

十四章

题解

本章描述了一个行道之人的思考与行为特征。他深藏不露，小心谨慎。办事迟迟疑疑，好像趟过冰冷的河水；待人柔顺随和，好像被春风销融的冰雪，准备流向任何地方。没有主见，就是他的主见；没有个性，就是他的个性；没有特点，就是他的特点。

或许这就是老子本人的真实写照。如果有扮演老子的演员，一定要反复诵读本章。

正文

古之善为道者，微妙玄通，深不可识。夫惟不可识，故强为之容：豫若冬涉川，犹若畏四邻，俨若客，涣若冰将释，敦兮其若朴，旷兮其若谷，浑兮其若浊。孰能浊以止，静之徐清；孰能安以久，动之徐生。保此道者不欲盈，夫惟不盈，故能敝而不新成。

译文

古时善于修道的人，达到了微妙玄通的境地，常人是无法看清他们的本质世界的。就是因为没有办法看清他们的本质世界，因此我们只能硬去给他们画个表象之像。(他们的表像是个什么样子呢?)像冬天过河走在冰面上那样迟迟疑疑，像提防四邻的侵害那样谨慎小心，像做客那样端庄拘谨，像就要融化的冰那样流散，若用敦厚纯朴去形容，那他们就像树皮那样天然；若用空旷深广去形容，那他们就像山谷那样深邃；若用浑浊去形容，那他们就像含有泥沙的水。(若要真正认识他们，就像使浑浊的水变清那样困难)，要让浑浊的水变清，除非使水回归于静止状态，那样水中泥沙才能渐渐沉淀而水也就清澈了，但是水又怎么能回归于静止而又保持长久的静止呢?只要静止又转化为运动，那么浑浊就会渐渐地开始加剧了。按照道纪法则去修道的人，是不愿意把自身突出显露出来让人一见而识的。就是因为他们不愿意突出显露自己，因此他们才能保有自然本原的自我，而不被世事的发展变化所异化。

评点

此章老子讲如何保持自然本原的自我问题，亦即为道之道。提出要保持自然本原的自我，做人就不要锋芒太露，要把自己保持在让人看来似真似幻状态上的观点。此一观点是承上章的观点而来。上章老子讲的是道纪之象，亦即道纪作为超出物质世界之外的存在是个什么样子是在怎样运动。此章老子则托古以论今，讲善于修道者之像。在老子那个时代，各家学说上追尧舜的法古之风盛行，所以老子也托古为例，以加强论证的力度。

为什么要保持自然本原的自我，还要把真实的自我隐藏起来，让人看来似真似幻?因为道纪之象本是“无状之状，无象之象，是谓惚恍”，因此修道者之像也必须符合道纪之象，也要似真似幻恍恍惚惚。此章老子开宗明义就提出：“古之善为道者，微

妙玄通，深不可识。”“微”，搏之不得名曰微。微是捕捉不到，微为妙，捕捉不到就是妙。“玄”，晦暗而幽远谓之玄。玄是看不明，玄为通，似真似幻就是通。“妙通”是一种境界，这个境界就是深不可识。达到“妙通”之境是个什么样子呢？“豫若冬涉川，犹若畏四邻，俨若客，涣若冰将释，敦兮其若朴，旷兮其若谷，浑兮其若浊”。“豫”、“犹”，都是迟疑之意；“俨”，端庄拘谨之貌；“涣”，《说文》：“流散也；”“敦”，敦厚；“朴”，《说文》：“木皮也，”状自然天成；“浑”，水之不清曰浑。这是老子为“微妙玄通”状貌，因为“微妙玄通”是“无状之状，无象之象”，是没法说得清楚的，所以老子说这是硬去给画个像，实际上老子在这里所状之貌也是一个“深不可识”之貌。那么到什么时候我们才能看清楚善于修道者的本原自我呢？老子以水之清浊关系为例，断然回答说：“不能。”因为“孰能浊以止，静之徐清；孰能安以久，动之徐生”。“孰”，怎么样；“徐”，渐渐；“安”，静止；“生”，生成。水之所以浑浊，不是它本就是浑浊的是受外力搅扰才变得浑浊，但水要使自身不受外力的搅扰是不可能的。所以对善于修道者本原自我是不可能看清的，要看清善于修道者本原的自我，除非世界也回归于它的本原状态。为什么善于修道者要把自己罩在一个神秘的光环之中呢？因为“保此道者不欲盈，夫惟不盈，故能敝而不新成”。“盈”，满而溢；“敝”，陈旧，本原。无论古今，世事皆非静止，运动是绝对的，静止是相对的，道之本性为虚，而物质世界所显彰的却是实相，道以其虚而生成彰显实相的物质世界，而善于修道者也同为道之所生的实相个体，在世界的物质运动中，善于为道者本身也处其中，他们与常人所不同的是他们认识到了道之本虚，因此他们不愿意彰显实相。对善于修道者来说：常人认为实者则为虚，常人认为虚者则为实(永恒)，所以他们把他们自己所认为的实相(永恒之相)隐藏起来，呈现给人们一个他们认为的虚相(常人眼中的实相)。这个虚相即与常人无所分别，又使常人莫测之高深，由于彰显的是与常人无分别相，所以才不会受到常人侵扰，而能保持本原自我，不致异化。

十五章

题解

芸芸众生，匆匆而过，最后又都回到他们的出发点。老子只是冷静地观察，而不想涉足于其中。

常，是老子哲学的一个重要概念，其含义与自然相近，指客观规律而言。“复命曰常，知常曰明”，而知常就可以达到容、公、王、天、道、久，一步步迈向更高的境界。

老子身为东周柱下史，扮演过观察家。

正文

致虚极，守静笃，万物并作，吾以观其复。夫物芸芸，各复归其根。归根曰静，静曰复命。复命曰常，知常曰明。不知常，妄作凶。知常容，容乃公，公乃王，王乃天，天乃道，道乃久，没身不殆。

译文

把自身的魂魄调整到虚无的极境，守住由虚无之境而达到极深的静止，在万物并作之中，我用虚静之境去观察万物的发展变化规律。(于是我看到)世间万物多得数也数不清千姿百态但最终都要回到它们本来状态。回归到本来状态叫做静，静叫做天道所归的命。天道所归的命叫做常，知道万物最终都归于常叫做明。认识不到万物最终皆须归于常，抗常行事就会招祸。知道了常这个概念内涵之所包容的意义，进而就会认识到常的实质乃是公平，能够公平对待天下万物，就能够得到天下万民之所拥戴而成为管理天下的王，王顺天行事就可以得到天的庇佑，天乃是道之所生，道乃是永恒不灭的物质世界未被感知的存在，(合于天即合于道)所以按此去做终身至死都不会出现危险。

评点

此章老子是专门为天下君主讲道。是告诉天下君主怎样做才能常保君主之位而不致为人民所推翻，其诀窍则是一个“公”字上。为了使君主能够理解“公”对于统治天下的重要意义，为什么只有“公”才能得天下并进而坐稳天下呢?老子从自身的认识出发进行一连串的推理，推出“公”之本源生于道，“公”是道纪之所要求的。首先老子说他自己曾做过悟道的功夫：“致虚极，守静笃。万物并作，吾以观其复。”“致”，达到；“极”，顶点；“笃”，深厚；“复”，回归。老子说他曾经把他自己的魂魄调整到一点杂念都没有的极为深厚的空明宁静状态，在这种状态下去观察万物的发展变化。然后老子说他通过悟道功夫，体悟到如下道理：“夫物芸芸，各复归其根。归根曰静，静曰复命。复命曰常，知常曰明。不知常，妄作凶。知常容，容乃公，公乃王，王乃天，天乃道，道乃久，没身不殆。”“芸芸”，众多之貌；“根”，所生之处；“复命”，归复到天道所归的注定不变的结果；“明”，与暗相对，认识清楚了之意；“妄”，《说文》：“乱也。”“容”，涵义；“乃”，乃是、乃能。上述道理归结起来是说，天地万物的发展规律是：不论是谁是什么，其最终结果都必须回复到其所生之处，这个所生之处就是无，无是常，常的含义就是公平公道，常不偏袒任何人任何物，任何人或物都得由生(有)到死(无)于是达到了常(永恒)，这是道纪或者说是道的法则。因此作为诸侯想称王称霸，则必须做到以公平公道以对天下，因为公平和公道是天道统辖万物的法则，同样也应是人君统治天下的法则。老子时代乃是诸侯并起，都想称王称霸的时代，但都以穷兵黩武来争霸天下，没有公道之可言。所以老子作此以警戒那些想称王称霸的人。

十六章

题解

老子用简练的笔触勾勒出人类历史几个阶段里君主与民众的关系。从民众的角度讲，对君主最初是平等相处，继而变为亲近爱戴，再变而为赞誉讴歌，再变而为尊敬畏惧，再变而为狎侮冒犯。君主与民众之间的相互信赖，一旦遭到破坏，再说什么老百姓也不相信了。

老子理想的社会是回到太古去。君主对老百姓不必操心劳神，老百姓对君主也不必感恩戴德。这当然是不可能实现的。但仔细想来，"功成事遂，百姓皆谓我自然"，让百姓自己掌握自己的命运，不失为一种理想境界。

老子对当时崇尚的道德规范持批判态度，是有一定道理的。

"大道废，有仁义"，就是三十三章所云 "失道而后德，失德而后仁，失仁而后义，失义而后礼"。

智慧与大伪相伴而生。孝子只有在伦理关系紊乱的时候才受到重视，忠臣只有在国家昏乱的时候才显得可贵。

人类经历了以血缘为中心的社会，接着是以道德为中心的社会，以后，权力、财富、知识陆续登场扮演主角。

老子的观察力令人叹服。

老子对圣智、仁义、巧利深恶痛绝，认为铲除了这些，老百姓就会变得淳朴。老子对文化教育的态度也值得注意。大概是他长期掌管古代典籍，了解太多了，看透了它们的伪善。

正文

太上，下知有之；其次，亲之誉之；其次，畏之；其次，侮之。信不足有不信，犹兮其贵言，功成事遂，百姓皆谓我自然。大道废，有仁义；智慧出，有大伪；六亲不和，有孝慈；国家昏乱，有忠臣。绝仁弃义，民复孝慈；绝圣弃智，民利百倍；绝巧弃利，盗贼无有。此三者，以为文不足，故令有所属：见素抱朴，少私寡欲。

译文

在太古之世，老百姓只知道有个君王；到了上古之世，老百姓都亲近和赞美君王；到了中古之世，老百姓都畏惧害怕君王；到了近古之世，老百姓则在背后恨骂君王。为君者诚信不足，就不能取信于民，所以太古之世的君王都非常谨慎小心，重视自己的言行，不轻易发布任何政令，国家治理好了，老百姓都认为这是靠他们自己的努力自然而然的事。（太古之世以后），崇尚自然无为的大道被废止了，代之而起的是讲求仁义；巧智奸诈出现了，随之而来的就是极为严重的弄虚作假；六亲不能和睦相处了，才会重视孝慈用以对抗逆暴；国家处于昏乱的状态之下，才会有忠臣奸臣之分。所以，（回归到太古之世的崇尚自然无为而治），杜绝和抛弃用仁义去规范百姓的做法，老百姓还会回到慈孝上来；消除掉所谓的圣人智者，老百姓会受益百倍；杜绝奸诈欺骗追名逐利，社会上就不会有盗贼。以上三点，由于用它作为文章的论点显得不够概括，也不够深刻，因此再把它们作以归纳，使其类属分明，归纳后为八个字：“见素抱朴，少私寡欲。”

评点

此章老子讲为君之道，与十四章讲为道之道一样，也是托古以论今。老子认为为君之道最上乘的是无为而治，其次是以仁义为其核心内容的德治，再其次则是以刑罚为核心内容的法治，最下乘的则是腐败之治。他把能够做到无为而治的君王的品格归纳为八个字：“见素抱朴，少私寡欲。”老子的这一思想在《道德经》中，可以说是一以贯之的。此章是二章的续说，二章老子着重讲君王如何治民，此章老子则着重讲君王如何自修。首先老子托古以论为君之道：“太上，下知有之；其次，亲之誉之；其次，畏之；其次，侮之。信不足有不信，犹兮其贵言，功成事遂，百姓皆谓我自然。”“太上”，太古之世；“下”，老百姓；“之”，指君王而言；三个“其次”，依次为上古、中古、近古；“信”，诚信；“有不信”，有不能取信于民之处；“犹”，迟疑，指谨慎小心；“功成事遂”，功业有成万事顺遂；“我自然”，我之自然，在没有人强迫之下我自己自然而然。老子在此一段话中，强调的是君王之为政以谨慎少言不好大喜功为要。少言，即是不轻易发布政令。在老子那个时代，君王所发布之政令多为扰民之令，故此老子极力加以反对。其次，老子批评了智谋家和儒家，特别是儒家的学说：“大道废，有仁义；智慧出，有大伪；六亲不和，有孝慈；国家昏乱，有忠臣。”提醒君王不要接受智谋家和儒家的蛊惑。他说：儒家的学说不过是应时而生的产物，不是真正的道，用儒家思想治国无疑于剜肉补疮，不能从根本上解决社会存在的矛盾。而智谋家的出现，更是给社会带来了严重的弄虚作假，把社会推向了罪恶。“仁义”，仁爱利他；“智慧”，智谋；“大伪”，极为严重的弄虚作假；“六亲”，父母、兄弟、夫妇；“孝慈”，敬长养长为孝，爱幼抚幼为慈；“昏乱”，黑暗而混乱；“忠臣”，忠于君王的臣子。再次，老子告诫君王应该自修自省，要远离智谋家和儒家，要停止用智谋家和儒家的思想治国，要把自身修养到太古之世的君王的思想境界：“绝仁弃义，民复孝慈；绝圣弃智，民利百倍；绝巧弃利，盗贼无有。此三者，以为文不足，故令有所属：见素抱朴，少私寡欲。”“绝”，杜绝；“弃”，抛弃；“圣”，尧舜禹汤等被誉为君王楷模的人，老子认为作为君王即使被人们亲近和赞美也是不足取的，和无为之君比也差了一等，所以他主张做君王不要上法尧舜；“智”，智谋家；“为文”，作为文章的论点；“见素抱朴”，显现自然抱定纯朴；“少私寡欲”，少考虑私利，少滋生私欲。仁义、孝慈，都是儒家学说的核心内容之一，法先圣也是儒家所提倡的，可见老子是对儒家思想持批判态度的；使智弄巧逐利是老子时代的一种社会风气，可见老子对当时的社会是很不满的。老子所追求的理想社会是太古时代的社会，即民只知有君，却没有感到君王的存在，民以自然为务，君以无为为治。为达到此一理想社会，他把希望寄托在君王身上。他认为只要君王接受了他所讲的道，那么而今这个不理想的社会，就能回复于太古之世的那种理想的社会。

十七章

题解

老子否认事物的差别，认为顺逆、美恶差不太多。相反的、对立的事物之间存在着同一性，这是已为古往今来的无数事实所证明的真理。

老子把“众人”与“我”的处世哲学加以对比，又一次给自己画了一幅人物素描。他像一个婴儿刚刚出生，对世间的一切功名利禄，给人一种“昏昏”、“闷闷”、“顽似鄙”的印象。这大概就是郑板桥所说的“难得糊涂”吧？其实每一个人都是在一些事情上明白，在另一些事情上糊涂。

正文

绝学无忧。唯之与阿，相去几何？美之与恶，相去何若？人之所畏，不可不畏！荒兮其未央哉！众人熙熙，如享太牢，如登春台。我独泊兮其未兆，如婴儿之未孩，乘乘兮若无所归。众人皆有余，而我独若遗，我愚人之心也哉？沌沌兮，俗人昭昭，我独若昏；俗人察察，我独闷闷；忽兮若晦，飘兮若无所止。众人皆有以，我独顽似鄙。我独异于人，而贵食母。

译文

我主张杜绝各种学说在社会上流行，请大家不必感到忧虑。(常言说得好)，唯唯诺诺与阿谀奉承并没有多大差别，美德与丑恶之间的距离也仅一步之遥。这种常言告诫人们所应警惕的是非难辨问题，我们不能不加以警惕，（更何况世间各种学说）像大水泛滥一样望不到边，（你又如何去区分出哪种学说才是正确的呢？）所以当众人都兴高采烈地，像去参加丰盛的大筵一样，像登上春台一样心旷神怡地（趋奉各种学说之时），我则独自淡然对之，对众人之举就像没有发现一样，就像婴儿尚在母胎还没有出生为孩儿一样茫然不觉。（我就像毫无目的地）乘车漫游，不知何处是归所一样。（对各家各派之学说），众人都把它的价值看得高到不切实际的地步，而我则把它看得如同垃圾一样，难道是由于我是个愚蠢之人，生了一颗愚蠢之心吗？在茫茫的世事之中，世俗之人都觉得自己明明白白，而我却独自觉得像处在昏迷状态一样；世俗之人都认为自己对世事无所不通，而我却独自觉得世事有如混沌一片；我恍恍惚惚就像走进了黑夜，飘飘荡荡就像没有落脚之点。众人都有其各自以之为慰藉的骄傲，而我却独独顽固地坚持我的浅陋。我之所以要独独地异于众人，是因为我把使自己成为吃母奶之婴儿那样纯朴的自然人看得比什么都重要。

评点

十三、十四章老子专讲修道者如何为道；十五、十六章老子专讲为君者如何为君道；此章老子则专讲为人者如何为人道。在这里老子提出了一个惊人的观点“绝学无忧”。老子认为：在他本人的那个时代，各种学说都是违背天道的，因此应该像扔掉垃圾一样把它们扔掉。受各种学说之影响，人们走入歧途而洋洋自得，不知“道”为何物。在老子看来，对世事的发展变化，越是觉得明明白白无所不通，则越是不明不白一窍不通。因此他主张不可听信任何学说，人应该回归到茫然无知像吃奶的婴儿那样纯朴天然的自然人状态中去。在今天看来，这种思想显然是一种消极的遁世思想，是没有积极意义的。在老子那个时代，却反映老子对纷乱混争的社会现实的厌恶和无可奈何，同时他又希望通过对社会人进行返朴归真的说教以起到解纷止争之作用。因此，在老子那个时代，此一思想又不是全然的遁世之想，如果老子有遁世之念，他就不会作《道德经》而多此一举了，他完全可以一走了之，不作一言一声。既有言声，就仍然是入世。

此章老子分三层去论述他的理念：(一)从理念上阐述为什么绝学可以无忧。“绝学无忧。唯之与阿，相去几何？美之与恶，相去何若？人之所畏，不可不畏；荒兮其未央哉！”“绝学”，杜绝各种学说在社会上流行；“无忧”，没有什么可担忧的；

“唯”，唯唯诺诺，指不加分析地接受别人的思想；“阿”，阿谀奉承；“荒”，大水茫茫的样子；“未央”，没有边际。老子提出“绝学”，可能有人会担心没有各种学说的指导，社会会失去规范。于是老子说，没有什么可担心的，本来社会上所流行的各种学说是对是错也很难说，就像“唯之与阿，相去几何；美之与恶，相去何若？”一样对这些学说不能不提高警惕。老子还特别指出当时各学说泛滥的严重现象，说明使人很难在此中做出正确的选择。这是从理念上阐述“绝学无忧”。(二)以自己对待各家学说的态度阐述绝学之必要。“众人熙熙，如享太牢，如登春台。我独泊兮其未兆，如婴儿之未孩，乘乘兮若无所归。众人皆有余，而我独若遗，我愚人之心也哉？”“熙熙”，高兴之貌；“太牢”，王室的家祠，这里借用王室之家祠供奉之丰厚指丰盛筵席；“春台”，在春天搭设用以远观春景的高台；“泊”，淡泊；“兆”开始；“孩”，有人解说是“咳”之意，谓初生之婴第一声啼哭；“乘乘”，乘车远游；“有余”，指对各种学说价值的评估超出其实际；“遗”，垃圾。老子在此一层次的阐述中，先叙说在对待各家学说的态度上，自己与众人之不同，然后用一反诘句说明绝学是必要的。“我愚人之心也哉？”我之所以这样做，就是因为我看到了这些学说都是违背天道的，若非如此，我怎么会这么做呢，难道我是傻子吗？当然在今天看来用我之是否傻子来作论据，是没有什么说服力的，但在老子那个时代，特别是老子本人的理论还不能以自然科学的发现作为参照系，对其他学说的理论也没有提炼出社会实践的反证的情况下，老子也只能以自己是否傻子来作以论据了。(三)鲜明提出自己的为人者之为人道的理念。“沌沌兮，俗人昭昭，我独若昏；俗人察察，我独闷闷；忽兮若晦，飘兮若无所止。众人皆有以，我独顽似鄙。我独异于人，而贵食母。”“沌沌”，指世事的纷乱不清；“昭昭”，明白之意；“若昏”，有如处于昏迷状态；“察察”，通晓；“闷闷”，混浊不清；“顽”，顽固；“食母”，吃母亲的乳汁，指婴儿。老子这里所说的为人者之为人道的核心内容就是按照天道法则去做人。天道的法则是“目之不见，听之不闻，搏之不得，惚惚恍恍”，那么做人之人道也应该像天道之法则一样“忽兮若晦，飘兮若无所止”。而人要做到这一点，则只有回归到婴儿状态才可达到。说到底，老子在这里所强调的依然是自然无为。

◎老子石雕像◎

十八章

题解

道，存在于恍惚窈冥之中。老子以哲人特有的睿智目光去追寻道的影像，他找到的只是一片朦胧。有这种感觉的，何止老子一个人？

正文

孔德之容，惟道是从。道之为物，惟恍惟惚。惚兮恍，其中有象。恍兮惚，其中有物。窈兮冥，其中有精。其精甚真，其中有信。自古及今，其名不去，以阅众甫。吾何以知众甫之然哉？以此。

译文

通德的形象(无象之象)，是完全按照道的法则显现的。道作为物质世界中未被感知的物质，给人的感觉是似真似幻。在惚惚恍恍之中好象存在一个影像；在恍恍惚惚之中好像存在一个实在的物体；(这个影像或物体)微小而模糊，其中含有道的本原之精，这个精是非常真实的实在物(虽然用肉眼看不见它)，在精里含有可以与世间万事万物互相沟通的信息。从古到今这个信息都永恒地存在，用以观察世间的发展变化。我如何能知道世间之事从其无到其有而又归于无的永恒

不变的发展变化规律呢?就是因为我之信息和道之信息保持在互通之境。

评点

此章老子借讲他的理论来源而谈德与道的关系。重点在阐述他所论述的理论：虽然在人类的社会实践中没有直接的，已经被绝大多数人认识清楚的，用感官经历过的感知参照系，作为论据；但是他所论述的理论绝不是胡编妄说。再次强调道是不可以感觉器官感知的，对道的认识需要我之信息与道之信息处于互通之境。犹如现代有些科学家认定“人有第六感觉”一样，老子也认为人在耳、眼、鼻、舌、身之外还存在一个超感觉器官的感知体——信息。常人之所以没有可以使自身与道沟通与人类之外的万物沟通的功能，就是因为常人没有完全依照道的法则去规范自己。只要用道的法则去规范自己，那么就会开发出可以与道沟通与人类之外的万物相沟通的功能。老子强调：他自己就是完全依照道的法则规范自己的道德，所以他能够把自己的信息与道之信息保持在互通之境。

理解此章关键在于对几个容易产生歧义的重点词的理解。“孔德”，解老诸家多数人都认为“孔德”即大德，把“孔”释为“大”。“孔”在金甲文中都写成“子”头上下垂一小物之状，有人释为新生儿头骨尚未合拢有气与外界相通，因而“孔”是指新生儿头盖骨未合拢部分。《说文》：“孔，通也，从子从乙。乙，请子之候鸟也，乙至得子佳美。”《说文》释“通”是对的，但候鸟之云云则是一种牵强附会之说。“孔”，由指新生儿头盖骨尚未合拢部分而引申为孔洞、通道是顺理成章之事。“孔德”，是指像新生儿一样自然无为可以通于道及万物之德。“容”，解老诸家多数以容作包容解，我认为此处之容与十六章的“强为之容”的容用法相同，是指容貌之容而言，这样才能与下文相通。“精”，物之最本质的内核。“信”，《说文》：“信，诚也。”《说文》又引古文信，古文信为两心并峙，如以《说文》引古文信而断，“信”当为两心相通之意，亦即信息之意。古人认为心是思维的器官，两心并峙，即为两颗心互通信息。“名”，指精。“众甫”，“甫”，康殷《文字源流浅说》同圃，“众甫”，即万物所依以生存的空间。

十九章

题解

一切事物都将向自己的对立面转化。这一原理，没有谁比老子讲得更透彻了。

但“曲则全”原来是古老的格言，不是老子的新发明。老子主张的“不自见”、“不自明”、“不自伐”、“不自矜”，可以说都是“曲则全”的具体运用。

正文

曲则全，枉则直，洼则盈，敝则新，少则多，多则惑。是以圣人抱一而为天下式。不自见，故明；不自特，故彰；不自伐，故有功；不自矜，故长。夫帷不争，故天下莫能与之争。古之所谓曲则全者，岂虚言哉？诚全而归之。

译文

（人生在世）虚心则能完满，屈己则能刚直，浅薄往往容易自满，陈旧往往是新的开始，财富的少蕴含着多，多容易迷失本性。因此圣人抱定本原的自然的宗旨而给天下人作出榜样。（他们）不以自己观察到的自己作为尺度衡量自己，因此能够不受迷惑；不自以为是，因此能够明了事物发展变化之理；不自我否定，因此能够有功于世；不沾沾自喜，因此能够长久地让人尊敬。就是因为圣人与世无争，因此天下没有什么人能够与他去争。古时候所流传下来的“曲则全”的格

言，难道是无的放矢吗?(这句格言)实实在在是完满来源虚无的至理明言。

评点

上章老子借讲他的理论来源而谈德与道的关系；此章老子则重点论述德与人生的关系。“德”，“惟道是从”是道的外化表现，因此德必须以道的法则为法则，道之本质是虚无，那么德与虚无相应所表现出来的是屈己和纯朴天然，人生修德也须由修屈己和纯朴天然入手。人生能修到屈己和纯朴天然之境，人生也达到了完满。为了讲清这个道理，老子分两层论述：(一)讲世事正反两面的辩证关系，强调做人应善于处在逆境：“曲则全，枉则直，洼则盈，敝则新，少则多，多则惑。是以圣人抱一而为天下式。”“曲”，虚。《说文》：“曲，像器曲受物之形。”曲是象形字，像中空的器物，所以曲有虚意。“全”，《说文》：“完也。”是完满之意。“枉”，《说文》：“衺曲也。”即萎顿弯曲之意。“洼”地势低而积水之处。“一”，道生一，一生二，二生三，三生万物之一，解老诸家多都解释为虚无，但我认为道既生一，一也就不是虚无了，“一”，应该是初始之意，也就是老子一再强调的人应回归到初生之时的自然人状态。“式”，模式、榜样。此层老子旨在说明人生于世应该把自我调整到本原自我的自然人状态，学会处于虚无之境、屈己之境、低下之境、陈旧之境、贫寒之境，圣人就是这么做的而且给我们树立了榜样。(二)讲做人常处逆境的好处：“不自见，故明；不自恃，故彰；不自伐，故有功；不自矜，故长。夫惟不争，故天下莫能与之争。”“见”，观察；“彰”，明了；“伐”，讨伐，自我讨伐就是自己否定自己，要做到不自己否定自己，那么就得自己没有可否定之处；“矜”，矜持，沾沾自喜之貌；“长”，长久。此层老子从常人最易犯的愿意以自我观察衡量自己、自以为是、常常后悔、沾沾自喜等毛病入手，说明用善于常处逆境的办法克服那些毛病，人生就会成为完满的人生。“曲则全”是在老子那个时代的古代格言，老子讲了那么多话，其核心就是告诉人们“曲则全”是一句至理明言，不是无的放矢的瞎说妄说。

二十章

题解

从小到大，极盛而衰，这是一切事物发展的过程。狂飙骤起，必然转瞬而逝。自然界是这样，社会现象也是这样。

怎样才能避免飘风骤雨不终朝而消逝的结局呢？老子认为，唯一正确的选择是从事于道，与道合为一体。

跂，人为地增高身材；跨，人为地加大步伐。自见、自是、自伐、自矜，都是自我膨胀的行为，其结果是导致自我否定，自我毁灭。老子把这种行为比作"余食赘行"，意味深长。

正文

希言自然。飘风不终朝，骤雨不终日，孰为此者？天地。天地尚不能久，而况于人乎？故从事于道者同于道，德者同于德，失者同于失。同于道者道亦得之，同于德者德亦德之，同于失者失亦得之，信不足有不信。跂者不立，跨者不行。自见者不明，自是者不彰，自伐者无功，自矜者不长。其于道也，曰余食赘行，物或恶之，故有道者不处。

译文

无声之言是自然之言。狂风不能持续刮满一天的时间，骤雨也不能持续降满一天的时间，谁管刮风下雨呢？是天和地。天地所做的越出道之所限之度的事尚且不能保持持久，更何况人呢！因此，凡是遵循道的法则行事的人就与道保持一致，凡是依据德之规范行事的人就与德保持一致，凡是脱离道和德的法则而自行其事的人就与道

与德处于对抗的地位。与道融为一体的人道也让他得道，与德融为一体的人德也以德报答他，脱离道和德的法则规范行事的人因其对抗道和德也会受到道和德的惩罚。对上述之观点若不做到十足的诚信，就不能取信于道和德。踮起脚只以脚尖着地不能保持长久的站立，跨起大步奔跑也不能保持长久的如此快速行走。以自我观察衡量自我的人就处于糊涂状态，自以为是的人就不能明了事理，对已所行之事总有追悔之处的人就不能建功立业，沾沾自喜自满自足的人也不能长久感到满足。上述种种，在道看来，可称之为残汤剩饭或者叫多余的病态行为，对上述种种，谁都会感到讨厌，因此有道之修养的人从来不把自己置于那种境地。

评点

对于此章有些人认为是对上章观点的从反面进行阐述，如魏源就持此观点。这可能是因为老子在此章把上章已论述过的自见、自是、自伐、自矜等种种人之恶习又以反论在此章出现之故。其实在此章老子并非仅仅是以反论的方式而重复上章之论点，而是承接上章，在理论上作进一步深化，重点论述循道则得道，循德则得德，失道失德将遭到道和德的惩罚，这是上章所没有论

及的。上章老子阐述的核心论点是“曲则全”，是仅就人生行为层面而论；此章老子阐述的核心论点则是“希言自然”，把人生言行提高到是否与道和德相符的高度上论述。也就是说上章只告诉人们怎样做才合于德，而此章老子则告诉人们为什么这么做才合于道与德。此章与上章之不同主要体现于前半段上：“希言自然。飘风不终朝，骤雨不终日，孰为此者?天地。天地尚不能久，而况于人乎?故从事于道者同于道，德者同于德，失者同于失。同于道者道亦得之，同于德者德亦德之，同于失者失亦得之。信不足有不信。”“希言自然”，“听之不闻名曰希”，“希言”乃无声之言，是自然之言。自然不用语言去教化于人，而是用行为做无言之教。比如“飘风不终朝，骤雨不终日，孰为此者?天地。天地尚不能久，而况于人乎?”“飘风不终朝”，是说凡属刮风之时，狂风都不会持久。“飘风”，大风、狂风。“骤雨不终日”，是说凡属降大雨之时降雨的时间也不会持久。“孰为此者，天地”，是说刮风和下雨都是天地的行为。“天地尚不能久，而况于人乎?”这是以天地之理而推及为人之理，是告诉人们“盈不可久保”，无论天地和人，只要行为做得过分了，道和德都是要把它纠正过来的。至此，老子已经清楚地告诉人们人的行为为什么要合于德的道理。为了人们对此一问题的认识更加明确，老子更以合于道和德与不合于道和德对人生之利害关系作以补充说明：“故从事于道者同于道，德者同于德，失者同于失。同于道者道亦得之，同于德者德亦德之，同于失者失亦得之。信不足有不信。”“同于道”、“同于德”都是指同道和德保持一致；“同于失”，是指脱离了道和德的指导而导致的损失。“道亦得之”，是说道也会吸纳他，而对同于道者来说则是可以得道；“德亦德之”，是说同于德者，德亦会用德去回报他；“失亦得之”，是说同于失者，也会得到受道和德惩罚的损失。“信不足，有不信”，是说对上述道理不能做到十足十的诚信，那么就不能取信于道和德，也不会得到道和德的庇佑。从以上此章之前半段和上章前半段比，我们完全可以看出二者之间有着极为明显的不同，上章的前半段主要讲的是几对对应事物之间的辩证关系，而此章前半段则直接论及论题的主旨。

二十一章

题解

本章论及道、天、地、王的关系，所谓"四大"，道是至高无上的。王权来自地、天、道，这与君权神授的观念有别。

有的本子"四大"下面这样断句："天法地地，法天天，法道道，法自然。"意思是王效法大地无所不载，效法天空无所不覆，效法大道无私无亲。可供参考。

老子总是站在君王的立场说话。

正文

有物混成，先天地生。寂兮寥兮，独立而不改，周行而不殆，可以为天下母。吾不知其名，字之曰道，强为之名曰大，大曰逝，逝曰远，远曰反。故天大、地大，道大、王亦大。域中有四大，而王处其一焉！人法地，地法天，天法道，道法自然。

译文

有一物在宇宙尚属混沌状态之时就已经生成，它的生成时间在天地生成之前。它寂静而寥廓，独立存在而永远不变，周而复始地运行而永远不疲累，它可以产生天地和天地之间的万物，是天地和万物的母体。我不知道它叫什么名字，用一个字代替它叫做道，硬去概括它的本质称之为大，大的含意就是消逝，消逝的含意就是遥远，遥远的含意就是返回起始之处。因此天可以称之为大，地可以称之为大；道的本质是大，王的本质也是大。在宇宙之中有四大，而王是其中的一大！人按照地的法则发展变化，地按照天的法则发展变化，天按照道的法则发展变化，道按照自然的法则发展变化。

评点

此章与前二十章比，在《道德经》的行文中显得突兀而至。在前二十章老子讲了一大堆有关道和德的理念问题和人如何按照道和德的法则规范行为的问题，到此章才突兀而来地讲道之发生、运行以及与天、地、人之间的联系问题，给人以先后顺序颠倒之感。但作为独立不群的一章，此章实是老子思想精要的最高概括。老子作《道德经》所依据的理论基础就是道乃大，大乃逝，逝乃远，远乃反的对自然发展变化规律的认识，从此认识出发，老子从细致而微对天地间万事万物的观察，不厌其烦地推导，演绎而形成《道德经》的核心论点即“人法地，地法天，天法自然”。在具体而微的每一章中老子又把《道德经》的核心论点作为理论依据，据此而为人生过程的各个侧面立论，从而形成规范人生过程的教义。此一教义的精髓就是法地、法天、法道的自我修养。

此章老子首先讲道之生、道之形(无象之象)、道之行、道之用。关于道之用，老子在五章以“谷神不死”以论。此章则又加重

◎函谷关◎

复。“有物混成，先天地生”是讲道之生。“有物混成”，“有物”是指道而言，有下文可证；“混成”，在宇宙尚属混沌状态时就已形成，极言形成之早。古人没有现代人那么系统的自然科学知识，不知道宇宙本是无数的星球组合而成的世界，因此而造出一个盘古开天地之说，认为在天地形成之前宇宙本为混沌一团，是盘古使清轻者上升为天，浊重者下沉为地。当然古人关于星系形成之前的宇宙形态的猜想，将来被现代科学所证明也是说不定的。“先天地而生”，是对上文极言道之形成之早的进一步解说。“寂兮寥兮”，是讲道之形(无像之像，无状之状)。“寂”，静；“寥”，《说文》：“空虚也。”“寂兮寥兮”，是状安静而空阔无际之貌。“独立而不改，周行而不殆”是讲道之行。“独立”，是言道之不群；“不改”，是言道之不变；“周行”，周而复始的运行，是讲道之运行轨迹是个圆。“可以为天下母”是讲道之用，“母”，母体，可以生物之体。其次，老子讲道之性，关于道之性在此章之前老子已经讲过，如第四章，老子以“道冲”以论。“强为之名曰大，大曰逝，逝曰远，远曰反”是老子所讲的道之性。“逝”，感知不到；“反”，循环往复。再其次，老子讲道与天地人之联系。“故天大、地大；道大，王亦大；域中有四大，而王居其一焉。天法地、地法天、天法道、道法自然”。“王亦大”，王为人主，王大人亦大。“法”，取法，按照法则而行。

应该指出的是老子虽然在此章之前曾强烈地批判过儒家的“仁义”、“慈爱”的思想，认为这是大道被废止之后的剜肉补疮之治标之道，但这里所提出的“域中有四大，而王居其一焉”的思想仍与儒家把君王看做是天之子，是代天行道的天道之体现者暗合，这也说明中国古代哲学儒、道两大分支在认识论上有分有合的客观现实。

二十二章

题解

老子看到历代许多君主失去权力，是由于轻举妄动，所以劝他们戒轻率，戒浮躁。

正文

重为轻根，静为躁君。是以君子终日行，不离辎重。虽有荣观，燕处超然。奈何万乘之主，而以身轻天下？轻则失根，躁则失君。

译文

（如果把重轻看做是根与枝叶的关系），那么重就是根，轻就是枝叶；（如果把静和躁看成是君臣关系）那么静就是君，躁就是臣。因此君子作竟日之游，都要备齐辎重相随。这样，虽然遇有参观景点喧闹拥挤难觅休息之所，也能像燕子那样有个自己的窝，超然于喧闹拥挤之外。作为万乘之国的国君又怎么能为满足自身的喜好，而轻易涉险去做游猎之事而置国事于不顾呢？轻率行事则能失掉自身赖以生存的根本；浮躁行事则能使国君失掉王位。

评点

对此章的理解古今的大学问家们都认为：老子在此章旨在论述重轻、静躁的关系，当代有些大理论家更是明确地说老子在讲辩证法，在讲矛盾的主要方面和矛盾的次要方面。认为老子所讲的矛盾主要方面是重和静，并据此而批判老子把矛盾的主要方面弄颠倒了，因为唯物辩证法认为物质运动，动是矛盾主要方面，静是次要方面。我认为对此章的理解大可不必做那么玄奥的理解。在此章老子只不过是借谈重轻、静躁的关系，对老子之世的一些老子认为有违天道的人之行为的劝诫。在老子之世自然科学对物质的分解认识还没有真正意义上的出现，老子只就物质的自然整体存在去考察事物的变化，不可能去做化学的解析物理的精微测试。老子所能考察到的仅是物之从无到有又从有到无的发展过程，并据此做他那个时代的哲学思考，他从物之终极结果都化为无出发，形成了他的自然无为的哲学观。老子认为凡属轻率、浮躁的行事都是有违天道的，而慎重和自然无为则是符合天道的，这一思想在《道德经》中几乎处处可见。

此章老子对重、轻，静、躁的含意是什么没有做出解释，但从下文我们完全可以看出老子实在说的只不过是慎重和轻率的关系。慎重而可致宁静，轻率而可致浮躁。慎重是抑制轻率发生的基础，所以慎重是根，根不动，枝摇而不损根本，即“重为轻根”的含意。宁静是抑制浮躁的君王，所以能守得住宁静，浮躁也就难于发生，即“静为躁君”的含意。这就是老子所论的重轻、静躁的关系，讲的是人的修养功夫，而并非是讲哪个是矛盾的主要方面。“是以君子终日行，不离辎重。虽有荣观，燕处超然”，讲的是慎重的好处。“终日行”，做竟日之游，是带否辎重的时间限定，出游时间在一整天或一天以上就都应有辎重随行；“辎重”，外出或行军所携带的后勤物资；“辎”，有帷盖的大车，可载物也可睡卧；“荣观”，繁华拥挤的旅游景点；“燕处”，像燕子那样有窝而处。“奈何万乘之主，而以身轻天下”，是对当时各诸侯国君沉湎于游猎玩乐的抨击。“万乘”，古时作战以兵车为单位，万乘指兵车之多国家之大；“以身轻天下”，游猎之事是一种浮躁和轻率之举，沉湎于游猎之中就是以治理国家的大事为轻，就是违背了“重为轻根，静为躁君”的天道。“轻则失根，躁则失君”是讲违背天道的严重后果。

二十三章

题解

这一章论为人处世之道。走路不留脚印，说话没有毛病，这样做人，简直是艺术。

“无弃人”、“无弃物”的理想境界，老子称为“袭明”。救人而不见其迹，救物而不显其形，才算得上善救。

善人与不善人相比较而存在，不是绝对的。

正文

善行无辙迹，善言无瑕谪，善计不用筹策，善闭无关楗而不可开，善结无绳约而不可解。是以圣人常善救人，故人无弃人；常善救物，故物无弃物。是谓袭明。故善人不善人之师，不善人善人之资。不贵其师，不爱其资，虽知大迷，是谓要妙。

译文

善于行走的人不留行走的痕迹，善于说话的人不留给人指责的话柄，善于计算的人不使用计算工具，善于关闭门窗的人没有门栓之类关锁用具门窗也不会被打开，善结扣结之人没有用绳索之类结的扣结也不会被解开。因此圣人以永恒的善去普救世人，也因此世人没有不可救之人；以永恒的善去救物，也因此世上没有不可救之物。这就是所说的循道。因此善于做人的人不崇拜被誉为

人之师表的名人，不善于做人的人总是羡慕别人的富有。不崇拜名人，不羡慕别人的富有，虽然无所不知但却像个大痴大迷的人，这就是所说的达到了通玄通妙之境。

评点

此章老子的核心论点是：人能做到自然无为、普救众生，那么人也就达到了得道之境了。老子的这一思想与后来由印度传入中国的佛教所说的“清净无我，普渡众生”的思想有异曲同工之妙。

“善行无辙迹，善言无瑕谪，善计不用筹策，善闭无关楗而不可开，善结无绳约而不可解”，是讲无为即为，无为而无不为。“辙迹”，车行而留在地上的印痕。“瑕谪”，可指斥的毛病；瑕，玉之疵，指毛病而言；谪，指斥。“筹策”，以筹码进行运算；筹，筹码，古时用以计数的工具，以竹制成。“关楗”，门栓和用以固定门栓的闩。“结”，打结，用绳索类物挽扣。“约”，打扣的动作。此段老子旨在说明：善行即不行，凡行皆有行之辙迹，只有不行才能做到无迹，绝不是指小说家所说的轻功超妙的踏雪无痕之类；善言即不言，凡有言无论对错，由于听者站在不同立场，因此皆可找出可指斥之处，只有不言才不会授人以柄；善计即不计，凡计皆需以筹为策，只有不计才无需筹策；善闭即不闭，凡闭皆须上栓落楗，只有不闭才无须关楗；善结即不结，凡结皆须以绳约，不以绳约，只能是不结。以上五善都是以细微之事而昭示无为即为，无为而无不为的大道理。

“是以圣人常善救人，故人无弃人；常善救物，故物无弃物。是谓袭明”是讲圣人由于明白无为即为，无为而无不为的道理，因此圣人救人救物和常人救人救物原则不同，常人是以资财和体力救人救物而圣人是以永恒的善即道之理念救人救物。常人救人只能救有限数的人和物，而圣人救人救物却能普救所有的人和物。“常善”，永恒的善，即道的理念；“无弃人，无弃物”，没有被遗漏的人，没有被遗漏的物。“袭明”，循道。老子认为：只要人都按照道的理念进行自我修养，都达到返璞归真的境界，那么天下就达到了至公至爱，也就没有可救之人和可救之物了。

“故善人不善人之师，不善人善人之资”是讲做人之道理。此一做人的道理也是由无为即为，无为而无不为的哲学理念而来。人之求师即是欲有所为，如人之根本就欲无为又何必去求师呢？崇拜名人拜名人为师，从道的角度而言，那是落于下乘了。人之欲有所为，无非是想博取功名利禄，其实功名和利禄又实在是一回事。功名为何？因其有利禄也，博取功名也就是博取利禄，归根结底都是冲着富贵去的，因此老子主张：不崇拜名人，不拜名人为师是善于做人，懂得做人之道；羡慕别人的富贵荣华是不善于做人，是不懂得做人之道。提倡的还是自然无为。此二句的“善”，前一个善都是善于的善；后一个善都是善恶的善也即喜好之意。

“不贵其师，不爱其资，虽知大迷，是谓要妙”是本章所论的总法，讲能做到自然无为，虽然已经达到了无所不知无所不通的境界，然而却反而更加什么也不知了。为什么呢？因为世间的知识说千道万最根本的就是从无到有，从有到无的无限循环往复，其他一切学说，一切经验都是假的。认识到了这一点，在世间所学的知识，所经历的经验也就都不存在了，都被此一认识剔除了，人的头脑又成了一片空白，又返璞归真到自然人了。这样，人也就达到了玄妙之境，换句话说也就得道了。

二十四章

题解

不逞豪强，不争荣耀，只愿回到婴儿时代重温那天真的梦想。老子认为，人性只有无知无欲的婴儿才是纯真的，物性只有未经雕琢的朴才是完美的。几乎每个人都曾羡慕过婴儿，但谁又能重进襁褓呢？

老子书中的圣人，都指君主而言。只有身居高位的人才有资格说"知其雄"，"知其白"，"知其荣"，平民百姓只剩下守着雌、黑、辱了。

正文

知其雄，守其雌，为天下谿。为天下谿，常德不离，复归于婴儿。知其白，守其黑，为天下式。为天下式，常德不忒，复归于无极。知其荣，守其辱，为天下谷。为天下谷，常德乃足，复归于朴。朴散则为器，圣人用之则为官长，故大制无割。

译文

认识雄刚不符合道之法则，坚守以雌柔为宗旨，做载运天下万事万物的溪流。做载运天下万事万物的溪流之后，就能达到永恒之德与灵魂融为一体永不分离，复归于如婴儿那样的自然人状态。认识所知所识都非终极之识，坚守以无知无识的昏曚为宗旨，为天下人做出榜样。为天下人做出榜样，则能使天下之人对永恒之德的理解不出现差误，世界才能复归于无边无际的虚无状态。认识荣华富贵能导人入于歧途，坚守以自甘贫贱为宗旨，做能盛装天下万事万物的空谷。做能盛装天下万事万物的空谷，溶入灵魂的永恒之德才修养完满，复归于如树皮那样的自然纯朴的状态。把树皮从树上扒下来就成了可以盛装物品的器具，圣人把自然纯朴用做统帅灵魂的官长，因此大道是不可分割流散的。

评点

此章是承上章而来，上章老子着重论述无为即为，无为而无不为，人能做到自然无为，那么也就进入得道之境了。此章老子则着重论述道所包含的基本内容，强调道的理念的整体性，不容割裂性。老子告诉人们，道的基本内容包括：柔和虚无，此两者合起来就是自然纯朴。老子还告诫人们：道之法则就是从无到有，又从有到无，最终归于无的循环往复永无休止的过程。人之得道也不是一次完成的，也要经受道之法则的考验。这就要求修道者在得道之后还须继续修道，道德修养达到完满的程度后，还须继续做保持道德的完整不流散，流散了就又进入了道之法则的从无到有又从有到无的过程。圣人是把自然纯朴作为灵魂的统帅的，因此大道的基本内容和思想体系是不可分割的。

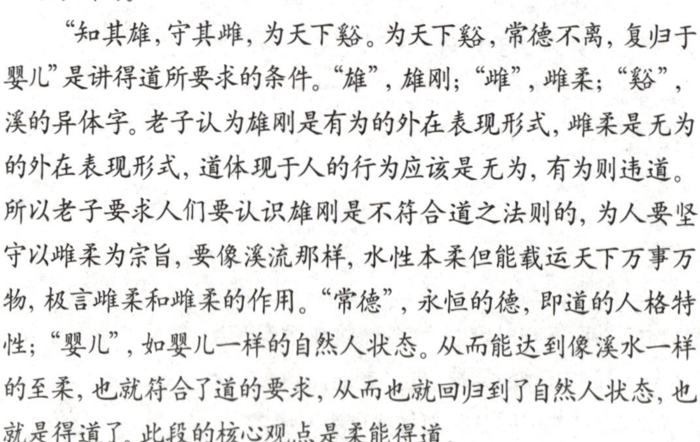

“知其雄，守其雌，为天下谿。为天下谿，常德不离，复归于婴儿”是讲得道所要求的条件。“雄”，雄刚；“雌”，雌柔；“谿”，溪的异体字。老子认为雄刚是有为的外在表现形式，雌柔是无为的外在表现形式，道体现于人的行为应该是无为，有为则违道。所以老子要求人们要认识雄刚是不符合道之法则的，为人要坚守以雌柔为宗旨，要像溪流那样，水性本柔但能载运天下万事万物，极言雌柔和雌柔的作用。“常德”，永恒的德，即道的人格特性；“婴儿”，如婴儿一样的自然人状态。从而能达到像溪水一样的至柔，也就符合了道的要求，从而也就回归到了自然人状态，也就是得道了。此段的核心观点是柔能得道。

“知其白，守其黑，为天下式。为天下式，常德不忒，复归于无极”是讲得道后，不等于对道的修持已经完满了，还有传道的任务，还须为天下人做出榜样，致力于使天下回归到无极状态中去。

“白”，明白，常人所认为的明白；“黑”，昏曚、糊涂，常人所认为的糊涂；“式”，榜样。老子认为：常人认为自己的明白之处，都来自于名人的学说，是从名人的学说中得来的知识，或者来源于自身的经验，这些知识和经验都没有体现道的本质和道的法则，因此都是伪知识；常人所认为的昏曚和糊涂是没有知识，而这恰恰是体悟到了道之本无的真谛从头脑中剔除了那些伪知识的结果，因此保持一种无知无识的状态才真正体现了道的精神。所以他要求修道者要用这种糊涂状态给天下人做出榜样。“忒”，差误；“无极”，无始无终无边无际。老子坚持他的无为无不为的哲学观，他不要求得道者以有为之相去传播道的思想，而只是要求对天下人做无言之教，以榜样的力量去感召人，让人对道的理解不出现差误，最终归于道。此段老子的主要论点是道之终极目标是使世界回归于虚无。

“知其荣，守其辱，为天下谷。为天下谷，常德乃足，复归于朴。朴散则为器，圣人用则为官长，故大制无割”是讲即使修道已经达到完满之境了，也须继续保持对道的理念的坚守，否则又要进入到从无到有的循环之中。“荣”，荣华富贵；“辱”，“低贱；“谷”，虚空；“足”，完满；“朴”，树皮，喻自然纯朴；“官长”，长官；“大制”，指道；“割”，分割。老子认为：人生妨碍修道的最大障碍就是人欲，就是人对富贵荣华的追求，只要人认识到了荣华富贵也只不过是无，那么就会无所不容，无所不能容。达到无所不容无所不能容的境界，道也就修得完满了，也就回归到自然纯朴了。但是回归到自然纯朴也不能做到一劳永逸，因为无还会生有，就如树皮在树上它自然纯朴，从树上扒下来制成器具就不是原来的那个树皮了。圣人把自然纯朴作为统帅灵魂的官长，因此大道是不可以分割流散的，分割流散也就失去了灵魂之统帅。此段老子的核心论点是：柔的手段和虚无的目标合起来就是自然纯朴，自然纯朴是道之灵魂，是不可以割裂的。

二十五章

题解

这一章描述了东周时代的政治形势。老子奉劝那些企图夺取东周政权、问鼎中原的诸侯悠着点，别总觉得自己强大得足以“取天下而为之”。他指出，有的诸侯在前面领着，另一些只能在后面跟；有的诸侯呵出的是暖气，有的吹出的是冷风；有的诸侯强大，有的羸弱；有的平安无事，有的岌岌可危。这一切随时都在变化，能保持现状就算不错了。弄不好，“为者败之，执者失之”，就是他们的下场。

一个明智的君主要在这样复杂严酷的形势下生存下去，只有奉行中庸之道，不要走极端。

老子哲学主张“去甚去奢去泰”，这一点与孔子的思想是一致的。考虑到孔子曾向老子问礼，恐怕还是老子影响了孔子吧？

正文

将欲取天下而为之，吾见其不得已。天下神器不可为也，为者败之，执者失之。故物或行或随，或呴或吹，或强或羸，或载或隳。是以圣人去甚，去奢，去泰。

译文

卿相想夺取天下而自为君王，我看这件事是做不得的。天下这个崇高的大容器是不可以凭主观意愿依靠暴力得到的，使用暴力去争夺的人必然会失败，即使原来就掌握着天下而违背了道的法则也会失去它。因此世间万物都按其原生的自然之貌，有的站着走有的爬着走，有的体温高有的体温低，有的强壮有的羸弱，有的在天上飞有的在水里游。也就是由于上述原因圣人才不严苛，不争胜，不骄纵。

评点

上章老子向人们概述了道的基本内涵，即由柔而至虚无而至纯朴自然。此章老子把这一原理推及到世间争伐之事，针对春秋之际周天子已无统领诸侯之力，诸侯争霸，卿相统兵，常有卿相拥兵弑主，自立为君的情况发生的实际，提出“天下神器不可为”之论，以期收到息兵罢战，恢复社会秩序的效果。其理论根据就是：道生天地，再生万物，是本着各自为用的自然原则，让其各有归属，人力不能强行抗拒。君王也是道之所生属其归属之物，君王失道自有道弃之，而无须越俎代庖。老子此一思想在当老子之世从息兵罢战角度而言是有积极意义的，但就社会变革与发展而言存在着消极影响。应该特别指出的是老子此一思想与儒家的“君权神授”只有一字之差，是“君权道授”，这种相合多少反映了当时的思想家在此一问题上的共识。

“将欲取天下而为之，吾见其不得已。天下神器不可为也，为者败之，执者失之”是此章所论的主旨内容，是讲卿相不可以强暴之力去夺取君主的王位。“将”，将领，春秋之际晋国以卿作为统兵的将领；“取天下而为之”，夺取天下自为君王；“已”，同矣，为语气词；“天下神器”，一般指君王的权力。这里也可解为“天下这个神圣的大容器”，老子常以器比喻盛物之事物，天地之间盛万物，因此把它理解成“神圣的大容器”可能更合老子本意；“为”，本章“神器”以下的两个“为”，都是强行谋夺之意。

“故物或行或随，或呴或吹，或强或羸，或载或隳”是说道之生万物是以各有归属各自为用的原则而造，是讲道之法则。“随”，本为跟随之意，有人也据此而说“或行或随”是或走在前或跟随在后之意，但行并不等于走在前，所以我认为此随是指爬行动物而言，爬行动物因为畏人，除非与人突然相遇否则绝不行在人前；“或”，有的；“呴”，温，气弱所以使人感到温；“吹”，寒，气强所以使人感到冷；“羸”，弱；“载”，飘浮，指鸟类在天上飞，之所以能飞，是气载以飞；“隳”，同坠，降落之意，鱼活于水，是降落到地表之下，所以称隳。此段老子用讲物各有其属，说明世间之一切物的各自形态功能都是道之法则所决定的，君王也是如此，强行夺取王位是违道的。

“是以圣人去甚、去奢、去泰”是讲道之所要求的做人准则。老子常以圣人如何做来阐述他的思想。在《道德经》中，这种以圣人如之何来阐述老子之思想的例子屡见不鲜。“甚、奢、泰”，都是过分之意。圣人所弃之事，即是违道之事。老子是说“甚、奢、泰”都违道，做人要去甚、去奢、去泰。

二十六章

题解

老子反对诸侯之间的征伐兼并，是因为战争带来荆棘丛生、田野荒芜、凶年饥馑，还因为战胜者往往自取灭亡，搬起石头砸自己的脚。“物壮则老”，这一条规律在等待着那些穷兵黩武的人。

老子对战争、武器的观点，本章论述得比较全面。

“兵者，不祥之器”，不是什么雅致的东西，所以君子最好不沾武器的边。但也不能没有武器，在“不得已”的情况下，还是要“用之”的。

老子反对崇尚武力，反对赞美胜利，认为歌颂胜利等于是鼓励杀人。所以，打了胜仗要“以丧礼处之”，不许大吹大擂地庆祝。

“恬淡为上”，就是老子对战争的态度。不可好战，不可乐杀，但又不可放弃。

正文

以道佐人主者，不以兵强天下。其事好还？师之所处，荆棘生焉。大军之后，必有凶年。善者果而已，不敢以取强。果而勿矜，果而勿伐，果而勿骄。果而不得已，是谓果而勿强。物壮则老，是谓不道，不道早已。夫佳兵者不祥，物或恶之，故有道者不处也。君子居则贵左，用兵则贵右，兵者不祥之器，非君子之器，不得已而用之。恬淡为上，胜而不美，而美之者是乐杀人，夫乐杀人者则不可以得志于天下矣！吉事尚左，凶事尚右，是以偏将军居左，上将军居右，言以丧礼处之。杀人众多，以悲哀泣之，战胜则以丧礼处之。

译文

用道的理念去辅佐君王的臣子，不以军事力量而在天下称强。以军事力量称雄天下这件事是好事还是坏事呢?军队所到之处人烟稀少，田园荒芜。战争过后，又必然出现天灾之年。善，是经过长期自我修养而结出的果，并非是用强取豪夺就能取得的。积下善果不能从而沾沾自喜，也不能从而就砍伐了结果之树，更不能从而就骄傲自满。所积下的善果不是用来采摘享用的，这就是所说的积下了善果不能从而就想高人一头的道理。物若是太强壮刚烈则就快衰老了，这就是所说的雄刚不符合雌柔之道，不符合雌柔之道就会提前灭亡。好的兵器是不吉祥之物，就连人类之外的物有的都厌恶它，因此有道之人不保留它。君子排列坐次以左边为贵，而行军打仗将领的坐次则以右边为贵。兵器是不吉祥的器物，不是君子所用的器具，只有在不得已的情况下才动用兵器。做人以恬淡作为高层次的为人准则，战争取得了胜利而不感到高兴，而对战争胜利感到高兴的人是以杀人为乐的人，喜好杀人的人则不可能得志于天下!聚会研究吉祥的事都崇尚左方的位次，把左方的位次视为尊贵的位次；聚会研究凶险的事都崇尚右方的位次，把右方的位次视为尊贵的位次，因此偏将军坐在左方的位次上，上将军坐在右方的位次上，这是表明战争是凶险之事，因此使用丧葬的礼仪规范。在战争中杀人众多，以哭泣来表示悲哀，战争取得胜利后则举行丧葬之礼而哀悼阵亡人员。

评点

上章老子以“天下神器不可为”立论，从战争的本质根源上着手，想通过讲述以强力夺取王位是违道之举以期收到息兵罢战的效果，在上章虽然文中隐含有劝诫息兵罢战的意思在内，但是却一句也没提到战争之事。此章老子则直接地纵论了他的战争观。老子是极力反对战争的，他认为战争是违道之举，是凶险之事，上干天和，“大军过后，必有凶年”；下遭地谴，“师之所处，荆棘生焉”。是君子所恶之事。在此章老子没有过多地把他的自然无为

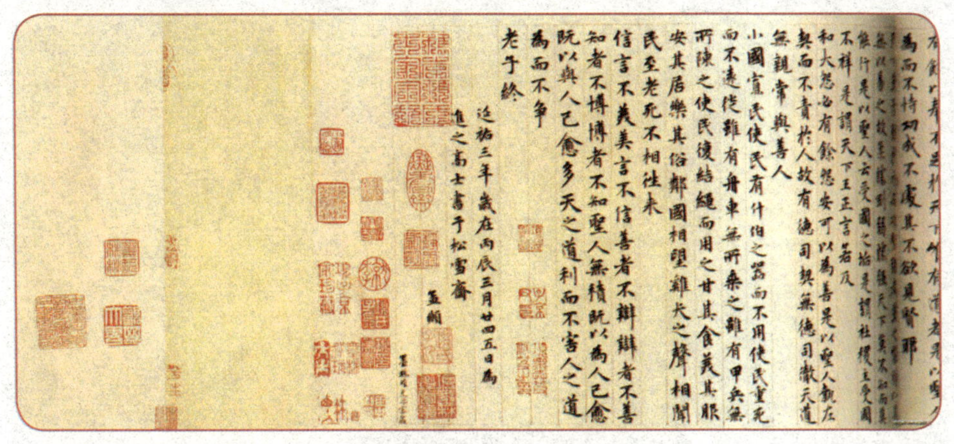

的哲学观带入文中，而是直陈其事直斥其非，整章结构谨严，层层深入。

“以道佐人主者，不以兵强天下。其事好还?师之所处，荆棘生焉。大军之后，必有凶年”是直斥战争的罪恶，指出战争是违道之举。“佐”，辅佐；“人主”，国君；“好还”，坏，好之极则否，好之还，即好极而还生好之处，好依坏而生，因此好还即坏之意。“凶年”，天降灾害之年。

“善者果而已，不敢以取强。果而勿矜，果而勿伐，果而勿骄。果而不得已，是谓果而勿强。物壮则老，是谓不道，不道早已”是讲人之积善的目的不是要依所积善果而求取自身的特殊利益，更不要把自己摆在不正确的位置上，而应该积善而不依恃善果；如果把积善作为凭恃从而改慈柔为刚烈，那么就是违道了，违道就会产生提早灭亡的后果。“物壮”，“物”，动物植物；“壮”，强壮；是讲自然界的动植物的生长规律，在自然界中无论是动物还是植物，只要强壮到他(它)们本身所能达到的极限，那么衰老也就开始了，灭亡也就要来临了。

“夫佳兵者不祥，物或恶之，故有道者不处也”是讲强兵之害，战争之违道。“兵”，兵器；佳兵，是指杀伤力强的兵器。“不祥”，不吉祥。“物”，与上段的“物壮则老”的物不同，专指人类之外的动物，以人类之外的物都对那种杀伤力强的武器厌恶，来说明杀伤力强的武器确乎不是好东西。“处”，占有或存放。

“君子居则贵左，用兵则贵右，兵者不祥之器，非君子之器，不得已而用之。恬淡为上，胜而不美，而美之者是乐杀人，夫乐杀人者则不可得志于天下矣!吉事尚左，凶事尚右，是以偏将军居左，上将军居右，言以丧礼处之。杀人众多，以悲哀泣之，战胜则以丧礼处之”是从礼仪角度讲战争不是吉祥之事，着重阐述乐于发动战争的人，是不会有好结果的。“偏将军”，统帅军队的副职将军。“上将军”，统帅军队的正职将官。

二十七章

题解

这一章老子又正面论述道的作用。

“侯王若能守之，万物将自宾”。可见，老子的道是贵族的思想库。

道取法于自然。它就像天降雨露，均匀地滋润大地，不分亲疏，不别贵贱，为万物提供生存的条件。没有谁对它发号施令，让它做什么或不做什么。人的意志，或者神的意志，在老子哲学里是没有地位的。

人不能主宰道，却可以认识道。“名亦既有，天亦将知之”。而且，认识了道，就可以立于不败之地。

正文

道常无名。朴虽小，天下莫能臣。侯王若能守，万物将自宾。天地相合以降甘露，人莫之令而自均。始制有名，名亦既有，夫亦将知止，知止所以不殆。譬道之在天下，犹川谷之于江海。

译文

道是永恒的没有办法用语言去形容。纯朴与智慧比虽然显得渺小，但天下任何的聪明才智都不能使纯朴臣服。侯王如果能坚守住纯朴的本性，那么天下的万物就将自动地归顺在麾下。天和地逐渐合拢降下雨水，人没有对雨水发出任何指令但却能自行使所降之雨水达到分布均匀。侯王这个名字是人最早制造出来的，既然这个名字已经规定了它的权限，那么就应该以这个权限为终止之点，知道

以这个权限为终止之点不再自行扩大权力就能够不出现危殆。比如道在天下，就像河流湖泊都归于江海一样。

评点

此章老子以道可大可小，来警戒侯王不要野心太大，要把自己摆在既定的位置上，不要无限地扩大自己的权力。道是先天地而生的。说它大，它能生天地万物，宇宙都须依据它的法则运行。说它小，它又搏之不得。道之作为物质世界的未被感知的存在，在宇宙则为宇宙之道，它统辖宇宙的发展变化；在天地则为天地之道，它统辖天地的发展变化；在人世间则为人世间之道，它统辖人世间的发展变化。所以老子讲“亦将知止，知止所以不殆”。

道在哪个范围之内，就发挥哪个范围的作用，在天下它不违天地的发展变化规律，如果天地是江海，那么道就以河流湖泊的面貌出现为江海注水。道都这样，更何况侯王呢？做侯则应老老实实为侯，不要生出野心想为王；做王则应老老实实为王，不要生出野心想扩大王的权限范围。这就是老子在此章所论述的核心内容。

有人认为此章之开章之断句应断在“道常无名朴”并据此而解为“道是无法形容之宝”，从而得出“道虽小而天下没有谁能臣服”的结论。又把“道之于天下，犹川谷之于江海”解为“道涵养天下万物，江海容纳千河万溪”，我看都非是。

“道常无名。朴虽小，天下莫能臣。侯王若能守之，万物将自宾”是劝诫君王要守朴。“道常”，是指道之永恒或道常常显示出来的不可名状的可大可小的变化。“朴”，纯朴，纯朴是一种人性，是符合道所要求的人性，它本来没有或大或小的性质，但在世俗的眼光中，聪明才智显然被看成为伟大，而纯朴天然则被认为为渺小，所以老子说“朴虽小”，“天下莫能臣”，是指“朴虽小”而聪明才智却不能使其臣服。纯朴天然，无欲无求，任何物质利益都不能打动它，所以它也就不可能臣服于任何以物质利益为诱饵的权力之下。“侯王若能守之”，指守朴，这是老子一直提倡的。“自宾”，不用任何力量不采取任何措施，天下万物就自动归服了。老子在此段所论述的意旨是显而易见的。

“天地相合，以降甘露，人莫之令而自均。”是讲天道本自公平，不必人去施行干涉。这是老子一贯主张的自然无为的思想。“天地相合”，降雨时乌云密布，好像天与地要合拢一样，状雨前景状，并非真的天地合拢在一起了。“人莫之令”，人没有对甘露发出命令。有人说，“人莫之令”是指人没有得到命令，此说非是。

“始制有名，名亦既有，夫亦将知止，知止所以不殆。譬道之在天下，犹川谷之于江海”是以道之在天下则为天下之道，天下就好比江海而道则如河流湖泊来说明人在天下亦应如道一样，应该为天下所包容，不能越出天地之外，是以道喻为人之道。“始制”，最初所制；“知止”，知道人力的所限。

二十八章

题解

这一章可以说是格言集锦。

自知比知人更难做到，所以明是比智更高的境界；自胜比胜人更难做到，所以强是比有力更高的境界。而自知、自胜，都意味着认识自我，战胜自我。老子所指的当然是战胜自己的情欲。

令养生家感兴趣的是“不失其所者久，死而不亡者寿”。长寿的定义是死而不亡，有的人感到扫兴，有的人感到困惑。

正文

知人者智，自知者明。胜人者有力，自胜者强。知足者富，强行者有志。不失其所者久，死而不亡者寿。

译文

能够了解别人的人是有智慧的人，能够正确估价自己的人是明白的人。能够战胜别人的人是有力量的人，能够战胜自己的人是强人。知道满足的人是富有的人，没有条件创造条件去做自己想做之事的人是有志气的人。不盲目行事能保住自己的根本之地的人能够使自己活得长久，死了之后还让人念念不忘的人是最为长寿的人。

评点

此章承接上章，上章老子专讲侯王的为人之道，意在劝诫侯王安于本分，不要痴心妄想，总想扩张自己的势力范围，扩大自己的权力，天道本公，非人力所能扭转。此章老子则专论普通

人的为人之道。就普通人来讲做人有多种选择。老子虽然没有明确表达赞成哪种为人，但倾向还是明显的。根据老子作此《道德经》所坚持的一以贯之的思想，即自然无为的思想，显然老子所赞同的是自知者、自胜者、知足者、死而不亡者。其中自知者、自胜者、知足者都是从人的自我修养出发而讲的，而死而不亡者则是讲的自我修养的最高境界。从整篇《道德经》来看，老子讲天道、地道，最终都要落实到人道上，主旨还是讲人的如何进行自我修为。“死而不亡者”，可以理解为人死了，但他并没有消失。人死了还能不消失的，只有人留给世上的美好印象，人们永记不忘的人是最长寿的，因为人们不忘记他，所以他死了等于没死。

二十九章

题解

老子又一次论述道的普遍性。

道广泛存在于一切事物之中，可左可右，亦小亦大。它"衣养（有的本子作"衣被"）万物而不为主"，"万物归焉而不知主"，听任万物自由发展，而不把自己的意志强加于它们。

老子所说的"不为主"，与"不辞"（辞，即"司"）"不有"是一个意思：无为而治。

不自以为伟大，所以才成就其伟大，这是老子理想的圣人。

正文

大道氾兮其可左右，万物恃之以生而不辞，功成不名有，衣养万物而不为主。常无欲，可名于小；万物归焉而不知主，可名于大。是以圣人终不自为大，故能成其大。

译文

大道像大水泛滥一样无处不到，万物依靠它生存繁衍但它绝不拒绝万物的索求，它建立了偌大的功勋从来不居功，它用衣食养育万物而不做万物的主人。(人能做到)永远没有个人的欲望，可以把他称之为得到了小道；(世间)万物回到各自的居住之处而不知道谁是它们的主人，可以把这个世间称之为已得到了大道。就是因为这个道理圣人始终不把自己摆在高高在上的位置，因此能够把社会治理成得到大道的社会。

评点

此章老子借讲大道的人格化本性，而讲统治者怎样才能把社会治理成符合大道要求的社会。核心内容就是老子对小和大的阐述。老子认为统治者治理社会是与统治者的个人人格修为紧密相关的，个人人格修为是小道，而以个人人格修为的小道去治理社会则能成就出大道。“常无欲”是个人人格修为的核心，只要统治者个人没有个人的私欲，那么就不会把天下万物视为己有，从而也就会出现“万物归焉而不知主”的理想社会环境。老子的这一思想是与儒家的“普天之下莫非王土，率土之滨莫非王臣”的封建思想针锋相对的，可以说老子是对儒家的这一思想的批判，是对封建社会制度的否定，其所追求的是人人平等的理想社会。在老子当时的社会，老子此一思想的提出，无疑是有积极意义的。

“大道汜兮其可左右，万物恃之以生而不辞，功成不名有，衣养万物而不为主。”是把道作以人格化的描述，从这个描述中，我们可以看出道是个不为名不为利的人格形象，其实这也就是老子所提倡的个人人格修养。“大道”，即道；“汜兮”，浩渺无边的样子；“左右”，代指一切地方；“恃之”，依靠它；“不名有”，对功成而言，就是不认为有功，亦即不居功之意；“衣养”，指一切资以养生之事；“不为主”，不做主人，对万物而言，应是不做万物之主。“常无欲，可名于小；万物归焉而不知主，可名于大”是老子在《道德经》中第一次提出的两个概念，即什么是大道什么是小道。老子在《道德经》中所立概念的内涵并不是完全一致的，此处的大道、小道概念与此章开头的大道的概念并不尽相同，此处的大道、小道更多的是就个人与社会相比而言。此段的核心内容是讲个人人格修为应该没有任何私欲；社会应该是无为而治，这也是老子的一贯主张。“常无欲”，永远没有个人之私欲；“名于小”，以小作为名字；“名于大”，以大作为名字。

“是以圣人终不自为大，故能成其大”这是本章所论之意旨所在。老子以圣人如何做来教化侯王应该如何做。告诫侯王要成就大，则必须从小做起。“不自为大”，不把自己摆在万物之上，要把自己视为万物之一员，要做到“常无欲”。“能成其大”，能够成就大。

三十章

题解

老子给那些想统一天下的诸侯出了一个主意："执大象，天下往。往而不害，安平泰。"靠道的政治影响就可以使天下人归顺自己。这使人想到孔子说的："故远人不服，则修文德以来之。既来之，则安之。"

孔子的"文德"和老子的"大象"（道）不同，但他们都希望实现和平统一。

道不是音乐，甚至听不见它的声音；道不是饭菜，吃起来淡而无味。但它的作用却无穷无尽，能使天下归往。

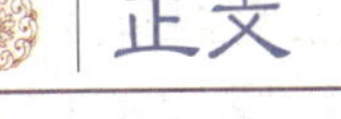

正文

执大象，天下往；往而不害，安平泰。乐与饵，过客止。道之出口，淡乎其无味，视之不足见；听之不足闻；用之不可既。

 译文

有了“万物归焉而不知主”的社会大治局面，再去周游天下，走到哪里都不会出现危殆之事，都会像在家里一样平安、快乐、舒泰。人们乐于为旅者提供饮食，过往的客人都可以随处任意停留下来休整。我讲的这个道从嘴里说出来平淡无味；用眼睛去看又看不见；用耳朵去听又听不着；但是这个道在你利用它时却是取之不尽用之不完的。

评点

此章是承接上章而来，上章老子讲自身修为是小道，以小去治理社会使社会出现无为而治的局面则是大道。此章老子开篇就向人们描绘了成就大道社会达到无为而治的境地，社会是个什么样子。然后讲道的作用，社会能够出现大治的局面，是必须经过以道治国的过程的。道不仅仅是指导治国的方略，道的思想适用于整个宇宙的方方面面，道的思想广大无边，深邃无底，任何事物都可以在道中找到答案。

“执大象，天下往；往而无害，安平泰。乐与饵，过客止”是具体描绘以道治国后的社会大治局面，这个局面在今天看来颇似陶渊明所描绘的世外桃源。“执大象”：执，占有；大象，即上章所说的“万物归焉而不知主”的无为而治的社会大治局面，执大象，即有一个大治的局面之意。有人说，大象即大道，我认为非是。对大象应作大道之象理解，上章老子讲，“圣人终不自为大，故能成其大”言犹未尽，所以在此章老子又把上章所说的大做以具体描绘。道本无象，但在道之思想指导下而出现的社会局面却是有象，大道之象是表现在道之作用下的万事万物之上的，当然这个象也必须经过思维过程才可认定的，因为它不是大道的直接之象，而是间接之象。“天下往”，概指在天下行走。“乐与饵”，乐于以饮食之物招待客人，达到无为而治的天下大治，老百姓的生活富裕了，就有了乐善好施的条件，当然在思想上也必须是接受了道的理念。“过客止”，过往客人停留下来休息，是与上句的“乐与饵”形成的因果关系，没有“乐与饵”也就没有“过客止”。

“道之出口，淡乎其无味；视之不足见；听之不足闻，用之不可既”是讲道之为用的其妙无穷。“道之出口”，是说道用语言去表述；“用之不可既”，无论怎样去用它，它都不会枯竭。

三十一章

题解

根据本章，有人斥老子为阴谋家。其实老子所说的是辩证法的规律。

“鱼不可脱于渊”，与三十三章“不失其所者久”旨趣略同。

“国之利器不可以示人”，使人想到公元前606年楚庄王问鼎之轻重。

正文

将欲歙之，必固张之；将欲弱之，必固强之；将欲废之，必固兴之；将欲夺之，必固与之；是谓微明。柔胜刚，弱胜强。鱼不可脱于深渊，邦之利器不可以借人。

译文

鼻孔将要收缩，必定是这个鼻孔原来是张开的；事物将要弱化，必定是它原来是强大的；事物将要被废弃，必定是它原来是兴盛的；

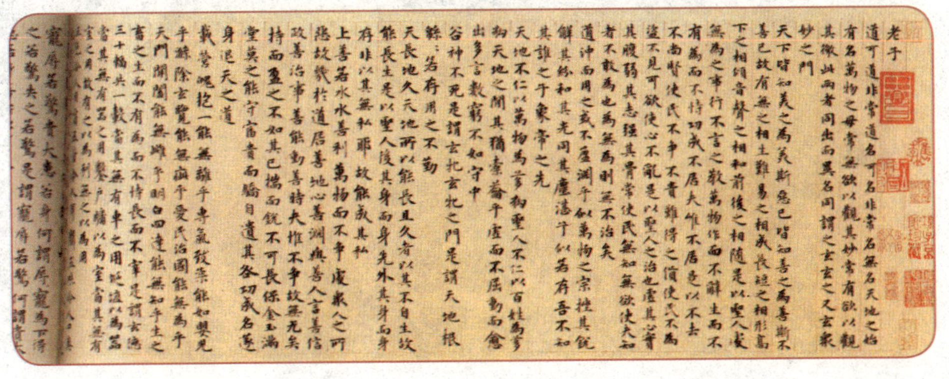

物品将要被夺取，必定是这个物品原来被占有了；这就是所说的幽暗之中有曙光。柔能胜刚，弱能胜强(就是从这个道理中得出来的)。鱼不可以脱离开养育它的水，国家的权力不可借给别人去使用。

评点

此章老子讲了两层意思。一层是事物发展变化的得势与失势的辩证关系；一层是事物赖以存在所必备的外部条件。从此章老子所论的两层意思看，老子此论当是老子针对其所处的历史时期的社会现实的有感而发。《韩非子·喻老》在解释此章时说：“越王入宦于吴，而劝之伐齐以弊吴。吴兵既胜齐兵于艾陵，张之于江济，强之于黄池，故可制于五湖。故曰：‘将欲翕之，必固张之；将欲弱之，必固强之。’晋献公将欲袭虞，遗之以璧马；知伯将袭仇由，遗之以广车。故曰：‘将欲取之，必固与之。’”又说：“势重者，人君之渊也。君人者势重于人臣之间，失则不可复得也。简公失之于田成，晋公失之于六卿，而邦亡身死。故曰：‘鱼不可脱于渊。’赏罚者，邦之利器也，在君则制臣，在臣则胜君。君见赏，臣

则损之以为德；君见罚，臣则益之以为威。人君见赏而人臣用其势，人君见罚而人臣乘其威。故曰：'邦之利器，不可以借人。'”韩非子的解说难免有简单地对号入座之嫌，但老子针对其所处时代的社会现实做有感而发之语，恐怕也确乎是老子此章的题中应有之意。我们今天所认识到的每一事物都存在两个对立的矛盾方面，当一方面发展到极至时另一方面就会代之而起，通过量变到质变的过程，事物就产生了质的转化。在几千年以前老子就能认识到每一客观事物都存在一个可以改变其质的因素，这的确是很了不起的。据此老子得出了弱一定能胜强，柔一定能胜刚的结论。对此段话的理解，解老诸家多有歧义，出现歧义的根就在对老子所举的那一堆例子的理解，而其关键则在一个“固”字上。从现我所见到的解老诸家的解说中，基本都把“固”解为“姑”，从而老子所举的那一大堆例子就完全成了另一种意思。也就是成了：想要收缩，必须暂时张开；想要弱化，必须暂时让它强大；想要废除，必须暂时让它兴盛；想要夺取，必须姑且给予。于是就出现了以上所引韩非子的对号入座的解说。而我认为“固”是固有之固，并非姑且之姑。这样我们才可以看出老子思想的一贯性，才不至于作对号入座的解说，从而也才能把此段与下段紧密联系起来。在此段老子论述得势与失势的辩证关系，显然没有谈及使事物矛盾双方的弱方转化为强方所必备的外部条件，而下段老子恰恰就谈到了这个问题。

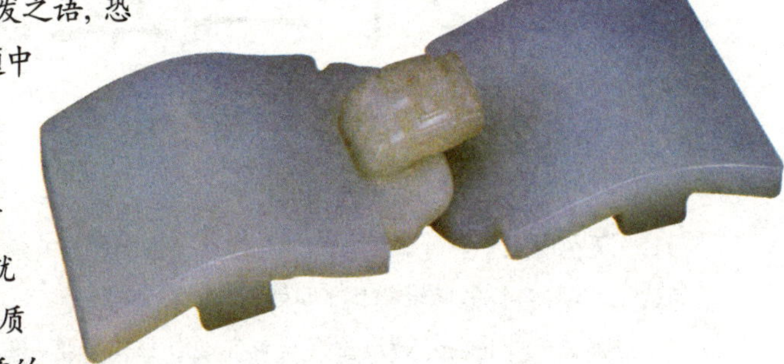

“鱼不可脱于深渊，邦之利器不可以借人”是讲事物赖以存在的外部必备条件。鱼之为鱼是因为有水在养育它，水是鱼的存在的必备外部条件；侯王之所以为侯王，是因为他掌握了邦国的权力，权力是侯王不成为庶民的必备外部条件。我们今天是以老子是中国古代的伟大哲学家而认识老子，所以我们不能对老子此章仅作对号入座的理解。还是要从哲学的角度，即老子是在论述事物发展变化的得势与失势的关系；是在论述事物赖以存在的必备的外部条件，去理解老子此章的含意。

三十二章

题解

“无为而无不为”，最集中地体现了老子哲学思想的特点。这句话，为各种各样的解释提供了可能性。

无所作为，什么也不做？老子大概不会让老百姓都“辟谷”。就是回到蒙昧时代，还得动手采集野果猎取鸟兽呢！所以，“无为”不是平民百姓的事。

“侯王若能守之，万物将自化”，还有本章的“侯王若能守，万物将自化”，都向我们透露这个消息：“无为”是“圣人”的事，即针对君主而言。

侯王怎样做才算无为呢？原来就是“无欲”，不要瞎张罗，瞎折腾。

“无欲以静，天下将自正”。老子的法宝叫做“无名之朴”，不知他用过几次。

正文

道常无为而无不为。侯王若能守，万物将自化。化而欲作，吾将镇之以无名之朴。无名之朴，夫亦将无欲。无欲以静，天下将自正。

译文

道是永恒的，它无为而无不为。侯王若能坚守以道治国的方略，那么国内之万物将自动皈依道的教化之下。一旦老百姓叛道而要作乱，我就用不可形容的朴去镇服他们。这个不可形容的朴，其表现于个人的修为就是无欲。人人都没有个人的私欲天下就可以得到安静，一个没有个人私欲的安定社会不用治理就能自行归于道的正途。

评点

此章老子再次强调治国之道在于无为，治民之道在于使民无欲。对于老百姓的违道作乱，不能采取刑罚之法，更不能采取武力镇压之法，而要以纯朴和无欲去教化他们。苏辙从对历史经验出发对此章做了解说。他说："道常者无所不为而无为之之意耳。圣人以无为化物。万物化之。始自无为而渐至于作，譬如婴儿之长，人伪日滋。故三代之衰，人情之变，日以滋甚，方其欲作，而上之人与天下皆靡，故其变至有不可胜言者。苟其方作而不为之动，终以无名之朴镇之，庶几可得而止也。"苏辙的理解是：老子所说的无所不为就是无为之意，只有无为才能无所不为。太古时代的统治者就是用无为来统治天下的，那时候天下万物都尊崇无为思想。后来这种天下皆无为的局面被打破了，由无为而渐渐发展到了有为。就像婴儿刚出生时他是纯朴天然的，长大了虚假的成分天天滋生一样。因此夏、商、周三代的末期，人的性情的变化一天比一天严重，在这种变化刚开始的时候，从君王到百姓都处在昏乱糊涂之中，因此背弃了无为而治的思想，人们性情的变化严重到没法言说的地步。如果在人们刚刚背弃无为的道义之时，君王能够不为这种变化所动，而用不可形容的纯朴去规范个人私欲的膨胀，那么可能后来就不会出现私欲横流的局面了。苏辙的理解是符合老子的原意的。

"化而欲作"，是说把人们都规范到无为的教化下以后，又要有所作，就是又要有为，看来老子也认识到了：无为并非是一劳永逸的，还会出现反复，所以老子又提出了以朴而达无欲的主张。

下篇

德经

阅读提示

从三十三章到六十八章是德经，主要论述德。

老子的德，是一个颇为难解的哲学概念。

德者，得也。万物和人固有的本性就是德，而这种本性是自然的，先天的，与生俱来的，是道反映到万物和人身上的具体表现，也可以说是道作用于万物和人的反映。

道是高度抽象的，无形无像，看不见，听不着，摸不到。人只能效法它，遵循它，而无法改变它。道是绝对客观的。德是具体的，万事万殊，形态各异，可以分为上德、下德，有德、无德，甚至可以积德。所以，德带有较多主观色彩。

道属于无的范畴，德属于有的范畴。

三十三章

题解

本章集中论述德。

老子认为德是一个历史范畴："失道而后德，失德而后仁，失仁而后义，失义而后礼。"以道为中心的社会，大约是混沌未分的时代；以德为中心的社会，大约是刚刚有了名分，人们懂得了血缘关系的时代。

老子把礼看做是"忠信之薄而乱之首"，不知孔子向他问礼时，他是否也这样说过。

正文

上德不德，是以有德；下德不失德，是以无德。上德无为而无不为，下德为之而有以为，上仁为之而无以为，上义为之而有以为。上礼为之而莫之应，则攘臂而扔之。故失道而后德，失德而后仁，仁而后义，义而后礼。夫礼者，忠信之薄而乱之首也；前识者，道之华而愚之始也。是以大丈夫处其厚，不处其薄；居其实，不居其华。故去彼取此。

译文

具有上等德性修为的人不去行德之规范之事，就因为他不行德之规范之事所以他才有德；具有下等德性修为的人行事都按照德的规范要求去做，就因为他执著于德的规范行事所以他反而无德。具有上等德性修为的人本着自然无为的宗旨行无为之事因而他能无所不为，具有下等德性修为的人执著德的规范行有为之事因而能在某些方面有所作为，具有上等仁爱修为的人行仁爱之事因而他本身就没有作为，具有上等信义修为的人行信义之事因而能在信义方面有所作为。具有上等礼仪修为的人执著于推行礼仪典范但是却没有多少人与之相呼应，就硬性拉着人家的胳膊让人家服从礼仪典范，而人家却甩掉他不理睬他。因此(就整个社会的变迁来讲)由于人们背离了道而后才用德去规范人们的行为，人们背离了德而后才用仁去规范人们的行为，人们背离了仁爱而后才用信义去规范人们的行为，人们背离了信义而后才用礼仪去规范人们的行为。礼仪是如何产生的呢?是社会上忠信观念淡薄以后紧跟着开始出现祸乱而应运而生之产物；(礼仪作为预防祸乱的律典)看似具有防患于未然的作用，其实它是把纯朴自然的道搞得华而不实似是而非，礼仪的制定也是人类变得愚蠢的起点。根据上述道理所以大丈夫行事要立身于纯厚不立身于凉薄，立身于朴实而不立身于虚华。因此为人要去除凉薄虚华而以纯厚朴实为准则。

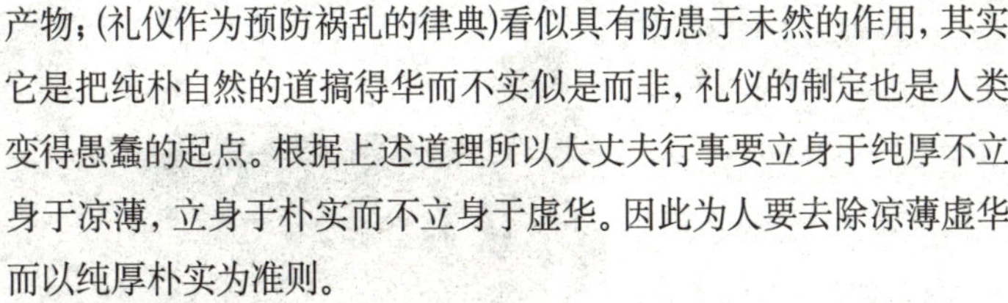

评点

此章老子通过对上德、下德、上仁、上义、上礼的评论，说明当老子之世，之所以出现提倡修德，提倡仁爱、信义、礼仪，是因为天下失道的结果。与道相比，德、仁、义、礼都等而下之，以德、仁、义、礼而治的社会不是理想的社会。而后老子告诫人们要在当时的人性凉薄虚华的社会环境中，保持纯厚朴实的天然自我。老子想借此使社会再归复到他所理想的自然纯朴的状态中去。就社会发展变化的规律而言，老子的这一思想显然是不切实际也不可能达到的，但就其对个人道德修养来看，他所提倡的纯厚朴实的人格要求又是十分高尚的和有益于社会的。应该指出的是老子在此章对礼进行了无情的抨击。礼，在中国古代社会是与法密不可分的，中国古代的法大部分是循礼而来。老子反对礼，自然是从他的无为而治的政治观而来，但就其理想和客观规律的背离而论，他之非礼也会导致社会之无序的恶果。当然在老子时代，儒家所制之礼也具有对人民之反动的一面，如君君、臣臣、父父、子子以及三纲五常等，从这方面看，老子的非礼又有其人民性的一面。

理解此章要重点搞清老子所提出来的“德”这个概念。“德”在此章之前已有多次出现，但此章之前所出现的德，其含意多与道相类，如“孔德之容”的“孔德”就是指道而言。此章之“德”与前面出现的“德”含意已有所不同，甚至此章所用的七个“德”的含意也不都为同一含意。“上德”、“下德”、“有德”、“无德”之德，是指内心世界的修为。金、甲文中，德的字形为在十字路口中有一个被尖锐之物所刺之目下连有一个心字，或省去心字之形，可以会意为：在四通八达的人生之路的交叉点上，不是用眼睛去选择走哪条路，而是用心去体悟走哪条路，是指人的德性亦即人的内心世界的修为而言，后来“德”的字义被用来专指崇高的内心世界修为。“不德”、“不失德”之德，则是指德的外化，即以内心世界的修为化而为人的行为，即行德事。在老子看来，道是物质世界未被感知的存在，当人们认识了道之后，又坚信道用它看不见的手在统驭物质世界，那么人就会顺应道，内心世界的修为亦即人生观，世界观就体现了道的内蕴。但是由于人的对道的理念认识上的差距，有的达到了真正的体道，有的还没有完全体道，于是就有了上德、下德之分。

有些人在理解老子提出的德时，把老子提出的德混同于儒家所提出的德，从而认为：仁、义、礼为老子所称之德的子系统。我认为此种理解是不对的。儒家的德确实是有一个完整的系统的，甚至包括了儒家学说的全部内容，儒家对德的要求更注重于内心世界修为的外化表现，特别强调以德为指导行德事。而老子的德是没有什么系统可言的，对德的要求强调的是体道，即自然无为。所以仁、义、礼并不是老子德的子系统，这从老子把仁、义、礼排在德之后，并对礼进行抨击就可以看出来。

三十四章

题解

一就是道。天、地、神、谷、万物、侯王都必须“得一”而后具备其各自的本性。如果得不到一，这一切都将不存在。

老子承认神的存在。但老子的神也必须“得一”，才能灵验，而不是主宰一切、支配一切的上帝。至高无上的只有道，就是本篇的一。

“贵以贱为本，高以下为基”。这是老子政治哲学中的一个闪光的命题。任何高贵的侯王一旦失去民众的拥护，就要垮台。这是无数历史事实证明了的最简单的原理。

老子用“侯王自谓孤寡不榖”来证明这一命题，今天看来似乎有点滑稽。但老子可是郑重其事的，在三十六章里又说：“人之所恶，唯孤寡不榖，而王侯以为称。”

侯王已是极高的荣誉了，如果身为侯王，还往自己头上加更多的桂冠，就叫“致数舆（誉）无舆（誉），不如时时念叨“孤寡不榖”为好。

老子的“反”，字面意义是返回、循环，是一个哲学概念，其含义大致是“转化”。二十一章的“强为之名曰大，大曰逝，逝曰远，远曰反”，可以参证。

物极必反。事物的运动超过极限，就会回到原来的出发点，走向反面。二十六章“以道佐人主者，不以兵强天下，其事好还”的“还”，也是这个意思。

老子认为“有生于无”，“有无相生”。

正文

昔之淂一者：天淂一以清，地淂一以宁，神淂一以灵，谷淂一以盈，万物淂一以生，侯王淂一以为天下贞。其致之，一也。天无以清将恐裂，地无以宁将恐发，神无以灵将恐歇，谷无以盈将恐竭，万物无以生将恐灭，侯王无以贞而贵高将恐蹶。故贵必以贱为本，高必以下为基，是以侯王自称孤寡不穀，此其以贱为本邪？非乎？故致数舆无舆，不欲琭琭如玉，落落如石。反者道之动，弱者道之用。天下万物生于有，有生于无。

译文

自古以来深刻体悟一的作用的事物：天体悟了一的作用从一开始做起使天成为清澈的天，地体悟了一的作用从一开始做起使地成为安宁的地，神体悟了一的作用从一开始做起有了灵性，谷体悟了一的作用从一开始做起使谷成为盈满的谷，万物体悟了一的作用从一开始做起使万物不断繁衍增多，侯王体悟了一的作用从一开始做起使天下成为吉庆祥和的天下。(以上诸种事物能够由浑浊而为清澈，由祸乱而为安宁，由少致多等等)，它们是什么原因达成的呢？是因为一发挥了作用。如果天不成为清澈的天那么天就恐怕要裂了，地不成为安宁的地那么地就恐怕要出现震动了，神没有了灵性那么神恐怕就不成其为神了，谷如果没有了水那么谷恐怕就枯竭了，万物如果不能繁衍那么万物恐怕就要绝种了，侯王如果不能把天下治理得吉庆祥和那么他的高贵地位恐怕就会垮台了。因此尊贵以低贱为其根本，高物一定以其底层为基础，由于这个道理所以侯王自己谦称自己为孤家为寡人为不穀，这个称谓不就是表示以低贱作为根本吗？难道不是这样吗？因此拥有很多的车子等于没有车子，为人不要追求像玉那样坚

硬，像落石那样有声威。事物发展到了极限就要走向反面是道的运动规律，道以其柔弱去发挥作用。天下万物是从有开始繁衍起来的，有是从无产生的。

评点

此章老子主要阐述事物的发展变化由少到多，由弱到强，由量变到质变是一个循序渐进的过程，做事不能急功近利的道理。老子认为做事过于急功近利就要走向反面，正所谓欲速则不达。世界上的万事万物的发生、发展、生成都是从最基本的因素通过一点一滴的渐次积累而最终达成的，参天大树是一天一天慢慢成长起来的，如采用拔苗助长的办法，那么就会适得其反，使幼苗枯死。事物的发展变化由少到多，由弱到强，由量变到质变必须经过长期的循序渐进的过程，这是道纪，亦即道所规范的发展规律。

“昔之得一者：天得一以清，地得一以宁，神得一以灵，谷得一以盈，万物得一以生，侯王得一以为天下贞。其致之，一也”是讲世之万物莫不从最基本的因素开始，然后才能发展壮大。“一”，是数字中的最小数，有人说老子在此章所说的“一”就是指道而言，我看非是，老子讲“道生一，一生二，二生三，三生万物”分明指出一为道所生，道之所生之物怎么会是道呢?一就是一，是数中最小者，“得一”就是说体悟到事物的发展过程都是由少到多，由弱到强，由量变到质变的循序渐进的。在老子时代人们还没能从自然科学的角度去考察太阳系的形成过程，但在老子之时代前的古老传说：在天没成为天，地没成为地时，太阳系本为混沌一片，即有一个混沌的时代的说法，已在社会上广为流传了。老子作为伟大的哲学家，没有盲目屈从于盘古开天地、女娲补天等传说，而是以自己的眼光推绎出天地的形成也是一个由基本因素的裂变开始，从一个基本因素而至两个……从而渐次形成的。所以老子说：“天得一而清，地得一而宁。”由天地而推及万物，由是又得出：“神得一以灵，谷得一以盈，万物得一以生。”再由万物而推及人事，由是又得出：“侯王得一以为天下贞。”最后得出结论：万事万物的发展变化规律都是从最基本的因素开始，一点一滴地积累起来的，即“其致之，一也”。

“天无以清将恐裂，地无以宁将恐发，神无以灵将恐歇，谷无以盈将恐竭，万物无以生将恐灭，侯王无以贞而贵高将恐蹶”是讲如果违背事物发展变化的循序渐进的过程，采取急功近利的办法行事，那么事物就要走向反面。天所以清，地所以宁，神所以灵，谷所以盈，万物所以生，侯王所以为天下贞，是因为他们“得一”，亦即体悟了事物发展变化都是一个循序渐进的过程，决不急功近利。倘若他们违背了这个规律，急功近利行事，那么天就不清，地就不宁，神就不灵，谷就不盈，万物就不生，侯王就不为天下贞。其结果就会出现：天将恐裂，地将恐发，神将恐歇，谷将恐竭，万物将恐

灭，侯王之贵高将恐蹶的恶果。“裂”，在老子时代人们认为天并非由空气组成，而是如地一样的固体，所以有天塌之说。“发”，发动，地的发动即地震，亦即所说的地陷。“歇”，静止，神若到静止之态就是神而无神了。“竭”，干枯。“灭”，灭绝。“蹶”，动摇。

“故贵必以贱为本，高必以下为基，是以侯王自称孤寡不穀，此其以贱为本邪?非乎?”是再一次强调做事要从一点一滴做起，不能急功近利。是对以上论述的总结。上面老子讲“得一”，老子是把“一”作为数之最基本的因素看待的，没有一就没有二，也就没有百、千、万；同样老子是把贱和下作为最基本的因素看待的，因此没有贱也就没有贵，没有下也就没有高。仍然讲的是做事要从最基本之处一点一滴地做起。“孤、寡、不穀”，是古代诸侯自称的谦词。

“故致数舆无舆，不欲琭琭如玉，落落如石。反者道之动，弱者道之用。天下万物生于有，有生于无”是从以上对哲理的阐发转而讲到为人，讲到道的运行规律。讲为人，告诫人不能太贪，老子举了个例子：“故致数舆无舆。”你如果罗致了很多车子，但你也不能同时乘坐在所有的车子上，有用的只有一辆车子，那么你要那些车子干什么呢?告诫人们不要太刚强，不要太显示声威：“不欲琭琭如玉，落落如石。”老子是向来反对刚强和表露声威的，他所提倡的是柔、是自然纯朴。讲到道的运行规律，告诫人们：事物发展到极限就要发生质变，所以要遵循道的运动规律一点一滴任道发展，不要急功近利去强求，即“反者道之动，弱者道之用，天下万物生于有，有生于无”。“琭琭”，玉石的坚硬之貌。“落落”，下落，石之下落急而有声威。

三十五章

题解

老子说出了一个有趣的现象："下士闻道大笑之。"这是由于表面现象常常掩盖事物的本质。

"建言"的辩证法思想已经相当成熟，可见老子学说渊源有自。

正文

上士闻道，勤而行之；中士闻道，若存若亡；下士闻道，大笑之。不笑不足以为道。故建言有之：明道若昧，进道若退，夷道若颣。上德若谷，大白若辱，广德若不足，建德若偷。质真若渝，大方无隅，大器晚成，大音希声，大象无形。道德无名，夫唯道善贷且成。

译文

上等有道的理念修养的人听到了道的理念，就笃信不疑按照道的理念去修养自身；中等有道的理念修养的人听到了道的理念，就将信将疑时而以道修身时而不以道修身；不理解道的理念的人听到了道的理念，则笑话道的理念。(道的理念本就是不是随便什么人都能理解的)，不被有些人笑话就不成其为道了。因此常言有这样的概括：越明白的道的理念好像越扑朔迷离，越高深的道的理念好像越浅白，越平淡的道的理念好像越奇峰突起跌宕不平。上等的德性好像山谷那般空阔，特别干净的事物好像污浊更显，越广博精深的德的理念越好像没有完全包容德的范畴，越健全完美的德的理念越好像不醇真厚道。质地越纯真的物品越好像含有杂质，大的平面上没有角落，大的器皿须经长时间的烧炼才能完成，特别大的声音反而听不到声音，形体越大的事物越看不清它的形貌。道德没有什么准确的定义，只有遵循道善于从道的理念里借贷来道的思想，那么道德也就修养成功了。

评点

此章老子重点讲如何依道修德。首先老子以上士、中士、下士闻道开篇，说明道的理念需要有高深的道的理念修养才能完全理解，道的理念不是一般的知识，不是随便什么人都能够理解的。为什么道的理念不是随便什么人都能理解的呢?老子以常言概括的道的理念反常规之处，说明道之理念难以理解。然后老子讲德，讲德的理念博大精深，讲德与道一样也具有反常规的地方。再次老子讲物质世界中的反常规之处，由此导出不能给德下什么准确的定义，强调依道修德的思想。从老子此章所论来看，老子所说的德，完全是他用他的道的思想而独自创立的德的理念，与儒家的德的概念完全不是一回事，因此绝不能把老子的德混同于儒家的德。

“上士闻道，勤而行之；中士闻道，若存若亡；下士闻道，大笑之。不笑不足以为道”讲道的理念需要有高深的道的理念修养才能理解，不是随便什么人都可以理解得了的。“士”，古时对知识分子阶层的通称。这里借指对道的理念修养的不同层次的人。“勤”，《说文》：“勤，劳也，从力堇声。”是勤勉之意。“大笑”，大声笑，表示轻蔑。

“故建言有之：明道若昧，进道若退，夷道若纇”是讲道之理念之反常规之处。“明道”，道之理念中最明确的地方。“昧”，不明。“进道”，进入道的理念的深处，特指道的理念的深微之处。“退”，由深而退为深之反面，即浅显之意。“夷道”，道的理念中的平淡之处。“纇”，不平。

“上德若谷，大白若辱，广德若不足，建德若偷”是讲德的理念的博大精深，讲德的理念也与道的理念一样具有反常规的方面。“上德”，即前章所说的“上德不德”的上德，指由道的理念指导下而修养成的德性，此处指上德之理念。“大白”，特别白，此处用于指特别洁净。“辱”，污浊。“广德”，指德的整个理念系统。“建德”，健全的德的理念。“偷”，不厚道。

“质真若渝，大方无隅，大器晚成，大音希声，大象无形”是讲自然界本就存在着这种反常规的现象。“人法地，地法天，天法道，道法自然”，既然自然界存在着这种反常规现象，那么在道和德的理念中存在反常规的方面就是自然而然的了。“真”，纯。“渝”，污浊。“大方”，大的平面，指面积而言。“隅”，角落，“大方无隅”，并非说在大的平面上就没有角落，而是在大的平面上看不到角落。“大器”，大的器皿，“大器晚成”，是说大的器皿与小的器皿同时进窑烧制，所须时间要比小器皿长。“希”，听之不闻名曰希(参见十三章)。“大象”，形状很大的物体。

“道德无名，夫唯道善贷且成”是强调不能给德确定什么准确的定义，依道修德德就修成了。“道德”，符合道的运行规律的德，亦即上德。“无名”，没有准确的定义。“唯道”，依据道。“善贷”，善于向道借贷，亦即以道的理念为理念。

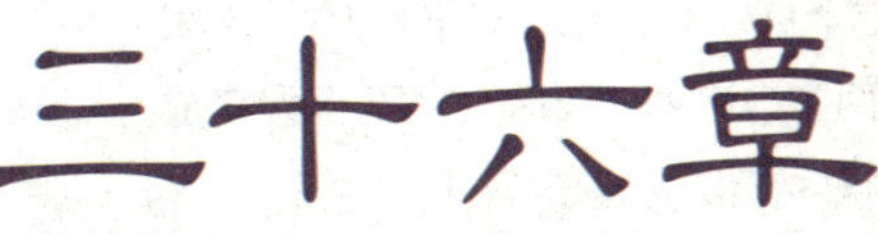

三十六章

题解

“道生一”，也就是三十四章的“有生于无”。一，也称太一、太极，指混沌未分的原初状态。二，指天地，即阴阳。“万物负阴而抱阳”是讲矛盾普遍存在于一切事物之中。

“冲气以为和”，是指矛盾双方在一定限度内相互对立而实现的统一与和谐。

“损之而益”，“益之而损”，都是由于没有掌握好“冲气”的合理界限而事与愿违。

老子认识到“无为”的作用，原来是从“天下之至柔、驰骋天下之至坚”受到启发。水滴石穿，柔能克刚，这些随处可见的现家，引起哲人的深思。

据说老子的老师常枞（一作商容）曾张开嘴让老子看，坚硬的牙齿已掉光了，而柔软的舌头还健在。这种“不言之教”颇有点直观教学的味道。

正文

道生一，一生二，二生三，三生万物。万物负阴而抱阳，冲气以为和。人之所恶，惟孤寡不穀，而王公以为称。故物或损之而益，或益之而损。人之所教，我亦教之：强梁者不得其死，吾将以为教父。天下之至柔，驰骋天下之至坚，无有入于无间，吾是以知无为之有益也。不言之教，无为之益，天下希及之。

译文

道以其看不见的手创造了一个可以裂变成任何物种的基本因素；这个基本因素由一个裂变为两个，产生了天和地；由两个裂变成为三个，产生了可以养育万物的自然环境；由天地和可以养育万物的自然环境而产生了万物。世间的万事万物都背负着阴而怀抱着阳，中间用气把阴阳调合在一起(天为阳，地为阴，天地之间以气冲和就是如此)。(世间的大多数)人所厌恶的，唯有孤、寡和不榖，而王公却把孤、寡和不榖作为自己的称谓。因此对于世间万物而言有时损害它它反而得益，有时让它得益它反而受损。别人教育了我，我也教育了别人：强横霸道的人不得好死，我要以他作为反面教材。天下最柔弱的东西(水)，能够穿透天下最坚硬的东西(水滴石穿)，没有形体的东西可以穿透没有间隙的东西，从这个现象中我所以知道无为的有益。无言的教化的作用，无为的益处，是天下任何教化和行为都没法比拟的。

评点

此章老子讲世间的万事万物都是由道所创造的，道在创造世间的万事万物时都采用阴阳合体的办法，在阴阳之间用气进行隔离，以气调合阴阳。在世间的万事万物的发展变化中而出现的受损和增益的现象是因阴阳失调造成的，受损是由于阴强过了阳，增益是阳强过了阴。世间的大多数人都追求得到增益，而厌恶受损，所以世间之人都追名逐利，以期得到增益，其实那是不对的。世间万事万物的发展变化都是辩证的，有时看上去受损了但由受损中反而得到了增益，有时看上去是增益了但在增益中反而受损。柔与强，柔属阴，强属阳，但是天下最柔弱的水，可以穿透天下最强硬的石头。不言之教和无为之治都是以阴柔为其宗旨的，所以无言之教是天下最好的教，无为之治是天下最好的治。

老子所讲的道，强调的是阴阳的均衡。老子认为：道的运行规律就是掌握阴阳的均衡，道在对世间的万事万物施以制约的手段时，阳盛则抑阳补阴，阴盛则抑阴补阳。增益与受损，增益属于阳，受损属于阴。人如果强行使自己多得增益就要受到道的惩罚，如果实行无为从而受损，将能得到道的关照。所以老子总是强调为人要顺其自然，要纯朴；为治要行不言之教，要无为而治。

“道生一，一生二，二生三，三生万物。万物负阴而抱阳，冲气以为和”是讲世界的万事万物都是由道所创造的，道在创造万事万物时都让它们阴阳合体，用气去调合阴阳的均衡。“道生一，一生二，二生三，三生万物”，有人说是说道创造了天，天创造了地，地创造了人，人创造了万物。我认为这是一种误解，因为在老子看来，一是数之最小者，是一切事物的源泉和根本，一就是一。如果说此处老子所用之“一”，是有所指的话，老子所指的当是开天辟地之前的混沌。老子说，道什么时候产生的他不知道，反正是在天地产生之前，前到什么时候他没有说，那么我们说混沌是道所创造的是合理的。混沌裂变成天地就实现了由一而二，天地之间以气冲和则由二而三，有了天地气这样的自然环境，于是产生了万物，是合于逻辑的。

“人之所恶，惟孤寡不穀，而王公以为称，故物或损之而益，或益之而损”是讲人之处于低贱的地位没有坏处，事物的发展变化是坏事里面存在着好的因素，好事里边也存在着坏的因素，这种好坏的转换也是时常发生的。“孤寡”，老而无人赡养之意，没有赡养自然处于低贱的地位；“不穀”，没有知识之意，没有知识也自然是低贱的了。“王公以为称”，王公以孤寡不穀自称，是自贬之意，为什么要自贬呢，是因为他们体悟了道的运行规律，知道低贱之中含有高贵的因素。

“人之所教，我亦教之：强梁者不得其死，吾将以为教父”是讲人活在世上，别人在教我，我也在教别人。强梁者不是好人，不得好死，但是他也在教我，我也要把他当成师父，因为他没做好事没得好死，给我提供了借鉴。“教父”，师父、老师。

“天下之至柔，驰骋天下之至坚，无有入于无间，吾是以知无为之有益也。不言之教，无为之益，天下希及之”是讲阴柔和低贱的好处，为人处事或治国平天下要做到阴柔，那就是无为。“驰骋”，有人认为是驱使之意，即至柔驱使至坚，我认为是指水驰骋在坚硬的石上，最后穿石。“无有”，指看不见的东西，具体说是空气。“无间”，没有间隙，也是看似没有间隙，任何物体都有间隙，空气则有隙即入。

三十七章

题解

老子看重身体，轻视名利，这是对的。

“知止不殆”的“止”，就是克制自己的欲望。

正文

名与身孰亲，身与货孰多，得与亡孰病？是故甚爱必大费，多藏必厚亡。知足不辱，知止不殆，可以长久。

译文

名位与身家性命相比哪个更重要，身家性命和财物相比哪个更有价值，获取与丢失相比哪个更不是好事？从上述比较出发，所以我们可以得出这样的结论：过分地爱惜自己的名位必然会使自己身心交瘁缩短寿命，过多地积累财富必然耗费相当多的生命。人如果知道满足就不会觉得自己低贱或屈辱，知道对荣华富贵的追求要适可而止就不会有什么祸患临身，由此也可以保得生命的长久。

评点

此章老子讲的是如何看待人生追求的问题。老子认为：人的最高追求应该是生命的长久，追求名位、追求财物，巧取豪夺等都要耗费人的精力，从而损伤人的寿命。因此为人要学会知足常乐，学会适可而止。“名”，名位。“身”，身家性命。“货”，财物。“亡”，丢失。“甚爱”，过份的爱。

三十八章

题解

事物的现象与本质常常是矛盾的。一个极端与另一个极端常常有许多相似之处。

老子描述的是完美貌似残缺，是归真返璞现象。但既然有"大成若缺"，是否也可能有"大缺若成"呢？盈与冲、直与屈、巧与拙、辩与讷，是否也可能有相反的表现形式呢？

正文

大成若缺，其用不敝；大盈若冲，其用不穷。大直若屈，大巧若拙，大辩若讷。躁胜寒，静胜热，清静为天下正。

译文

越成熟越好像有缺陷，但它的用途却永远不会过时陈旧；越充盈越好像很空虚，但它的功能却取之不尽用之不竭。（这个道理就好比）特别直看上去好像很弯曲，特别巧看上去好像很拙，特别能思辩看上去好像很木讷（一样）。剧烈的运动能驱除寒冷，静止下来能消除体热，清静是天下的正常状态。

评点

此章老子讲道的理念是永恒的真理，永远不会过时；道的理念不是就某一事而论的具体真理，它是普遍的真理，对一切事物都适用。天下事是有动有静的，需要动时它必然得动，动是暂时的，动过之后必然归于静，清静是世间万事万物的根本的正常的状态。

“大成若缺，其用不敝；大盈若冲，其用不穷”是讲道之理念的本质，道之理念是非常成熟和完满的理论，有些人不能正确理解它，在这些人看来好像这个理论缺少现实指导意义，实际上这个理论的价值就是它不是指导一时的理论，而是永恒的真理；道的理论也不是具体的真理，在某些人看来它好像很玄虚没有具体的针对性，实际上这个理论的价值就是它适用于对任何事物的指导，是个普遍真理。“大成”，绝对成熟。“敝”，陈旧、过时。“大盈”，绝对完满。“冲”，同盅，中空。

“大直若屈，大巧若拙，大辩若讷”是举例说明道的理念之所以容易被人误解的原因。这个原因就是人们的感觉和认识上常常出现误差，比如把特别直的东西看成弯的，把非常巧的东西看成拙的，把非常能思辩的人看成木讷的人一样，把非常成熟的看成有缺陷的，把非常充盈的看成是空虚的。

“躁胜寒，静胜热，清静为天下正”是讲世事变化的动、静之理。老子承认：世事的变化并非总是静止的，静之极必产生躁。静之极谓寒，故须以躁治寒，躁到一定程度就须以静治躁，躁生热，故须以静胜热。但老子的一贯思想是：柔胜刚，静胜躁。所以老子坚持认为：清和静是天下的正道。对于此段话的理解，有人认为“躁胜寒，静胜热”与老子的“柔胜刚，静胜躁”的一贯思想不符，应改为“静胜躁，寒胜热”。我认为此改不妥，老子在此分明是讲世事的发展变化之理，讲的是静躁相克，我们没有必要非得改易成老子作为结论性而提出的柔胜刚，静胜躁的含意。况且老子在结尾已经把他的结论性认识提了出来，“清静为天下正”即是。“躁”，躁动，剧烈运动。“寒”，寒冷。“正”，正道。

三十九章

题解

老子又一次论及战争与和平的问题。他认为发生战争的原因是"天下无道"，即政治秩序遭到破坏所致。这与"战争是政治的继续"的观点有些近似。

老子描述的"却走马以粪"，其实就是裁减军备，就是铸剑为犁。这种和平理想，只有在"天下有道"，即建立了合理的秩序才可能实现。而旧秩序的破坏，新秩序的建立，常常是通过战争来实现的。"戎马生于郊"，这种残酷的现象又是不可避免的。老子显然不大懂得这个道理。

老子认为，贪欲、不知足，是导致诸侯之间战乱不休的根源，造成生灵涂炭，也给自己带来灾祸。贪得无厌，今天还在引导许多人走向深渊。

正文

天下有道，却走马以粪；天下无道，戎马生于郊。罪莫大于可欲，祸莫大于不知足，咎莫大于欲得。故知足之足，常足矣！

译文

天下人都按照道的规律行事(就是太平盛世)，战马都退役成为农家的耕畜；天下人不按道的规律行事(就是战乱之世)，战马没有马厩，小马驹都产在荒野之中。罪过没有比心怀欲望更大的了，祸患没有比不知足更大的了，灾殃没有比想要获得更大的了。因此知道满足的足，是能够保持长久的足。

评点

此章是老子一贯的反对战争的思想的再阐述。与此前对反对战争的论述不同，此前老子多从战争的危害和战争的违道上去阐述。此章老子则深挖了产生战争的根源。老子认为：世间之所以会有战争，是因为统治者的欲望太大，总也不知足，为满足私欲，不断发动战争，进行掳掠。因此他奉劝统治者，为人不要欲望太高，不要不知足。“天下有道”，是说天下人都按照道的规律行事，那样天下就是一个太平盛世；“却走马以粪”，却走马，是退却走马之意，走马是相对耕田之马而言，亦即战马，以粪，饲养马的目的是积肥耕田，整句之意是把战马退役成耕畜。“天下无道”，与“天下有道”相对，指天下人不按道之规律行事，因而天下成为战乱之世。“戎马生于郊”，在战争中人都须野宿，马更没有马厩，母马产驹只能在旷野之上。“罪莫大于可欲”，可，当是荷，古时可与荷为同字同义，可欲即荷欲，亦即心怀欲望之意。“咎”，灾殃。

四十章

题解

老子的认识论在本章表述得比较明白。

在老子看来，知识不是从实践中得到的，甚至也不是通过学习而得到的，根本无须用感官去看去听去触摸品尝，就可以“知天下”，“见天道”。那么，“不行而知，不见而名，不为而成”究竟怎么回事？到底有什么窍门呢？老子没有说。

王弼这样解释：“道有大常，理有大致，执古之道，可以御今；虽处于今，可以知古始。”原来老子强调的是道，而道是万古不变的，只要从自己的内心去求就可以得到了。

老子的认识论并不高明。

正文

不出户，知天下；不窥牖，见天道。其出弥远，其知弥少。是以圣人不行而知，不见而名，不为而成。

译文

不用出门，就知道天下所发生的大事；不用启开窗子往天上看，就知道天道的运行规律。如果你行走的地方越远，那么你所知道的就越少。从这个道理出发所以圣人不用出门考察就能了解天下大事，不用看见就能对事物发展变化的本质性进行推理，不做任何事而每一件事都能做好。

评点

此章老子讲如何认识客观事物的发展变化。他认为认识客观事物不必到实践中去，只要坐在屋子里潜心思考就行了。他更认为对事物的考察越多越细致，对事物的认识越少。老子的这一思想与后来由印度传入中国的佛教所提倡的“顿悟”很相似。佛经说，佛祖盘腿坐在菩提树下七日七夜不吃不喝苦心冥想终至悟得了佛法，与老子这一思想实为异曲同工。老子的这一思想是与他的无为而无不为的世界观紧相互应的，也可以说是其自然无为思想在对人的对客观世界认识问题上的运用。老子不仅在改造世界方面要求人们要无为，在认识世界方面也要求人们要无为。这不仅是消极的也是唯心的。

“不出户，知天下；不窥牖，见天道”是讲对事物的认识不必借助眼、耳、鼻、舌、身的感觉器官去感知，只须用头脑去思考就够了。“户”，门。“窥”，看。“牖”，窗子。“天道”，天的运行规律。

“是以圣人不行而知，不见而名，不为而成”是用圣人的不行、不见和不为来说明老子自己以上立论的正确。老子这里所说的圣人并非实指哪几位人物，而是由于当老子之世，人们都有盲目崇拜圣人的心理，所以老子以圣人之如何如何来强化论证的力度。“名”，有人解为明白，我看非是。在先秦典籍中“名”多为两种用法：一是作命名用，如《道德经》起章之“无名天地之始，有名万物之母”的名；一是作通过逻辑推理而形成的概念用，如荀子就解释说：“名也者，所以期累实也。”认为名是对实的反映，此章即取此义。“成”，完成。

四十一章

题解

在老子看来，学习能增加情欲文饰。只有修道才能逐渐减少这些危险的东西。

正文

为学日益，为道日损。损之又损以至于无为。无为而无不为矣！故取天下者，常以无为。及其有事，不足以取天下。

译文

从事于学业每天都能得到知识，从事于修道每天都要损失知识。损失再损失最终达到了无为。能够做到无为实际上就能实现无所不能为！因此要夺取天下的人，常常采取无为的办法。及其为取天下而挑起事端，就没有资格取得天下。

评点

此章老子讲的是：道的理念不是一般的学问，不能把它当成一般的学问去看待。一般的学问是越学知识越丰富，而道的理念越学越否定你原有的知识，最后否定了原有的所有知识，最终使你认识到天下事没什么可做的地步。当你达到此等境界的时候，虽然你于天下之事什么也没做，而实际上你却什么都做得很好！因此，

想当天下统治者的人常常采取任其自然不妄图以一己之力去改变社会的办法，如果妄图以一己之力采取暴力行动去夺取天下，那么就没有资格去统治天下。老子认为：道用它那看不见的手掌管天下，其原则是阴阳平衡，你觉得应该做的事，如果道还没有认为应该做，那么你也不会做成功。如果已经失去了阴阳均衡，即使你不去做，道也会去做。老子的这一思想，虽然其最终的落脚点是在警戒那些野心家不要挑起事端残害百姓“故取天下者，常以无为。及其有事，不足以取天下”。但他否认人在改造客观世界中的人的主观能动作用，在认识论上显然是错误的，不足取的。“日益”，指知识每天都有增益。“日损”，指原有的知识每天都有损失。“取天下”，封建社会帝王把天下看做是自己所有，所谓“普天之下莫非王土，率土之滨莫非王臣”，“取天下”，就是从帝王手里夺取天下。在老子之世，诸侯互相侵略，都想把别人的领土据为己有，老子所说的取天下，当是指从别的诸侯手里夺取领地而言。“有事”，指挑起争伐之事。

四十二章

题解

“以百姓心为心”，没有个人的好恶恩怨，这是老子理想的君主。

“不善者吾亦善之”，“不信者吾亦信之”，岂不是有点是非不分？老子主张“其政闷闷，其民淳淳”，就是不去分辨是非。

正文

圣人无常心，以百姓心为心。善者吾善之，不善者吾亦善之，德善矣！信者吾信之，不信者吾亦信之，德信矣！圣人在天下，惵惵为天下浑其心，百姓皆注其耳目，圣人皆孩之。

译文

圣人没有平常人的那种善善恶恶的观念，(在与人交往中)交往对象怎么想他就怎么想。(他的交往原则是)对待善良的人我用善良去对待他，对待不善良的人我也用善良去对待他；(所以)他得到了德所规范的善的真谛。对待诚信的人我信任他；对待不诚信的人我也信任他；所以他得到了德所规范的信的真谛。圣人生活在天地之间，战战兢兢地把天下老百姓的愿望都混合在一起盛装在自己的心里，老百姓的愿望都被圣人听到耳里看到眼里，圣人都把他们当做孩子那样去爱护。

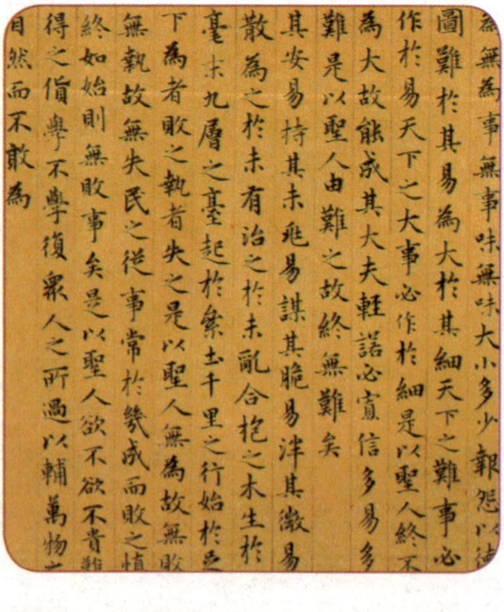
為無為事無事味無味大小多少報怨以
圖難於其易為大於其細天下之難事必
作於易天下之大事必作於細是以聖人終不
為大故能成其大夫輕諾必寡信多易多
難是以聖人由難之故終無難矣
其安易持其未兆易謀其脆易泮其微易
散為之於未有治之於未亂合抱之木生於
毫末九層之臺起於累土千里之行始於足
下為者敗之執者失之是以聖人無為故無敗
無執故無失民之從事常於幾成而敗之慎
終如始則無敗事矣是以聖人欲不欲不貴難
得之貨學不學復衆人之所過以輔萬物之
自然而不敢為

评点

此章老子讲圣人的人际交往观，亦即老子自己的交往观。他认为：道德修养完美的人必须具备两方面的人格修养：一是不善善亦不恶恶，要做到善者善待，恶者亦善待；信者信待，不信者亦信待。二是没有自身的利益追求，以每一个百姓的利益为利益，尽自己的所能满足每一个老百姓的要求。这两方面的人格要求都是从自然无为的道的理念生发出来的。

老子既然认为道以其看不见的手统辖世界，那么任何社会存在就都是合理的，当社会存在不合理时，道就会以其超自然的力量去改变这个世界，任何人为地改造世界的行为都是错误的。以自然和无为去顺应道，就必须做到：善者善之，不善者亦善之；信者信之，不信者亦信之；惵惵为天下浑其心。

应该指出的是：老子的这一思想在当老子时代，作为劝诫荼毒百姓的诸侯争霸而言，是从主观上想达到感应作用的，但社会现实的发展规律毕竟不是以主观愿望为转移的，在社会实践中，人毕竟是经济动物，以道之理念作为说教，只能对少数人有感应作用，对大多数人而言，很难起到主观所企盼的作用。所以老子这一思想在当其时代以至直到共产主义实现之前都是一种虚幻的构想，甚而是有碍于社会进步的。在阶级社会中扬善惩恶仍然是道德建设的唯一正确的手段。

对此章之理解，向来多有歧义。主要集中在对“常”、“德”、“百姓皆注其耳目”和“圣人皆孩之”的理解。“常”，有人认为是经常之常，因此有人认为“圣人无常心”是说圣人没有固定不变的人生观。我认为不能做这样的理解，圣人在老子看来是体道者，体道的真正含意就是体悟到自然无为是符合道之发展规律的，因此圣人与常人不同，“圣人无常心”亦即指圣人的观念没有常人的那种观念。“德”，有人认为是“得”的假借字，我认为此一理解也不妥，在《道德经》中多次出现“得”字，而那些“得”老子并没有写做“德”，为什么非在此处把得写做德呢?我认为，此处的“德”即老子前文(三十三章)所说的德，是指道在人性修养方面的体现。“德善”、“德信”，是说在人性修养方面已得道之人的善和信。“百姓皆注其耳目”，有人认为是说百姓皆用其耳目，斤斤计较是非得失。我认为此解也颇为不妥，从上下文之连接看，此处当指百姓的所言所行所愿所望都被圣人一一看在眼里。“圣人皆孩之”，是指圣人把百姓都当做孩子那样爱护和看待。

四十三章

题解

这一章是老子对养生的精彩论述。

有利于生命健康的生活方式只占十分之三，而不利于生命健康，会导致死亡的生活方式占十分之六。而损害健康，危及生命的根本原因，竟然是"生生之厚"。这是对当时贵族纳福太过而致疾病灾祸的科学总结。

老子所闻"善摄生者"的那种境界，即在任何条件下都不受伤害的"无死地"，是许多养生家追求的目标。但又有谁能达到呢？

正文

出生入死，生之徒十有三，死之徒十有三。人之生，动之死地十有三。夫何故？以其生生之厚。盖闻善摄生者，陆行不避兕虎，入军不被甲兵，兕无所投其角，虎无所措其爪，兵无所容其刃。夫何故？以其无死地。

译文

(综观人类)从出生到死亡的历程，长寿者十分中只不过有三分，中途夭亡者在十分中占了三分，人为了谋生而离家奔波在外，客死他乡的在十分中又占了三分。为什么会出现上述这种现象呢？这是人们都把自己的生命和生活质量看得太重(没有按照道的规律以自然无为去把握人生)之故。曾经听到有人说过：善于摄取生命时间以达长寿的人，(反而不在乎自身的生死，对生死完全采取自然无为的态度)，在陆路上行走不躲避犀牛和老虎，在军队里当兵也不穿铠甲，犀牛遇到他也不顶他，老虎遇到他也不扑他，与人对阵兵器也砍刺不到他。这是什么缘故呢?这是因为他没有到死的时候也不是他所应死的地点。

评点

此章老子以人之生死总体现象为例来阐述他的自然无为的道的理念。他认为：在人类出生总量中，有三分之一(即十有三)能够长寿，有三分之一中途夭亡，这是属于正常现象，这一比例是道所安排的。在中国古代，医药、医疗水平很低，人在出生后就中途夭亡的现象很普遍，三分之一的夭亡比例在当老子时代是事实存在的。还有三分之一的人不能寿终正寝，是因为他们太看重自己的生命和生活质量，不能按照道的规律以自然无为去把握人生。他认为：人的一生也和世间其他事物一样，统由道来统筹安排，生有时，死有地。如果你没有进入道所为你安排的死地，即使你

处在极为凶险的环境中也能逢凶化吉不会死。这一观点显然有过多的唯心主义成分在内，我们是不必为老子讳的。

“出生入死，生之徒十有三，死之途十有三。人之生，动之死地十有三”是讲人类人口总量中生而至死的总体现象。“十有三”，十分中的三分，亦即三分之一。“徒”，类属。“人之生”，人离开家乡到外地谋生。“动之死地”，行走到该其死亡之地。这里老子显然是以生有时死有地的唯心主义世界观作为说教，劝导人们宜静不宜动。

“夫何故？以其生生之厚”是承上段最后一句“人之生，动之死地十有三”来设问，提出本章的论点，即人不能厚生。在人类的人口总量中有三分之一的人死亡是非正常死亡，其原因何在呢？是这三分之一的人太看重自己的生命和生活质量了，从静而至动，因此他们不能寿终正寝，遭至意外死亡。“生生”，生命之生，亦即生命过程中的生活质量。“厚”，看重。

“盖闻善摄生者，陆行不避兕虎，入军不被甲兵，兕无所投其角，虎无所措其爪，兵无所容其刃。夫何故？以其无死地”是讲善于摄取生命时间者是自然无为者，走在路上遇到犀牛和老虎而避是有为，不避是无为；参军上阵披甲执戈是有为，不披甲不执戈是无为；因此老子提倡无为：“陆行不避兕虎，入军不被甲兵。”由于老子认为，人之生有时，人之死有地。所以他进而认为：人生不必厚生，而应顺应自然，实行无为，该死遇兕虎而避也会被兕虎发现追及而丧命，上阵打仗披甲执戈也一样被打死；不该死遇兕虎不避亦不会死，上阵不披甲执戈也不会被打死。应该说老子的这一思想是唯心主义的宿命论思想，是不应该为老子讳的。“善摄生”，善于摄取生命的时间。“兕”，犀牛，是凶猛的野兽。“被”，披，这里所说的“不被甲兵”是指不披甲不执兵。

四十四章

题解

本章论述生命缔造过程中道与德所起的作用。

道赋予万物生机。这是先天因素。在老子哲学中，道“可以为天下母”，在恍惚窈冥之中“有物”“有精”，而且，“万物负阴而抱阳”，都是“道生一，一生二”，生出来的。所以，缔造万物的自然是道了。道是无为的。

德承担了后天养育呵护的一切工作：畜之，长之育之，成之熟之（也作亭之毒之），盖之覆之。德就是人和万物的本性，即自然属性，这些自然属性的总合，构成了一切生命现象生存发展的环境。所以德也不把功劳记在自己的账上。

正文

道生之，德蓄之，物形之，势成之，是以万物莫不尊道而贵德。道之尊，德之贵，夫莫之命而常自然。故道生之畜之，长之育之，亭之毒之，养之覆之。生而不有，为而不恃，长而不宰，是谓玄德。

译文

道生产出万物，德养育着万物，各种物质合成万物的各自形状，自然变化的规律促使万物成长壮大。所以万物没有不崇敬道而看重德的。道的崇高地位(生万物而得万物敬)，德的受重视(养万物而令万物贵)，不是因为受到其他外力支配从而生万物养万物而得万物尊和贵的，是道和德自身具有生万物养万物的固有自然品性。因此道对万物(一视同仁)生养万物，哺育万物，繁殖万物，保护万物。生养万物而不把万物据为己有，哺育万物而不居哺育之功而对万物有所求，万物成长壮大以后也不去宰杀它们，这就是所说的道所体现出来的道之德。

评点

此章老子讲道的功用和道所体现出来的德的本质属性。讲道的功用，老子认为：世间万物都是由道所生产出来的，与三十六章互为照应。三十六章老子讲道生一，一生二，二生三，三生万物，是讲道是万物得以产生的最初始的源头。因为有了三十六章的论述，所以老子此章开头就提出了“道生之”的理念。讲道所体现出来的德的本质属性，老子认为：道之德是一种固有的自然之德，这个德不是外力支配使令才具有的，是道之本身所自然固有的，这个德的最高体现就是自然无为，这种自然无为的具体体现就是：“生而不有，为而不恃，长而不宰。”老子讲德之固有属性的具体体现又回应了九章，九章老子讲修道，说到底修道就是培育人具有道之德，道之德就是体现自然无为。生而不有即无为，生而据为己有即有为；为而不恃即无为，为而恃即有为；长而不宰是无为，长而宰则是有为。

“道生之，德蓄之，物形之，势成之，是以万物莫不尊道而贵德。道之尊，德之贵，夫莫之命而常自然”是从道和德的功用上阐述道和德的固有属性：道是生育万物的源泉，道生一，一生二，二生三，三生万物，道的功用就是以其看不见的手创造宇宙万物；德是养育万物的奶娘，德的功用就是道创造完万物，德以其自然无为的品性对万物进行抚育；道和德是不可分的，道是不能为万物所感知的，它目之不见，听之不闻，搏之不得，而德是道的表现形式，万物可以在其生命历程感知到它在关护着自己；道生一，道用所生之一(基本物质)，塑积成各自不同形状的万物，德(道之表现形式)以其自然的规律性的地、水、火、风运行，调剂冷暖，滋养万物，使其成长壮大；道和德实为一体，德是道的运作形式。由于道和德具有上述功能，所以万物没有不尊崇道而重视德的，道通过德的形式进行运作并非受到谁的支配，完全是一种固有的自然的运行规律，它之为是无为，即非有意而为。从老子的上述论述，我们终于窥视到老子所谓的无为，并非是什么也不做的无为，万事万物既在生存就不能什么也不做，老子所谓的无为实是指人生在世不要有任何企图之意。“蓄”，同畜，是饲养之意。“物形之”，是指万物都是由基本的物质元素构建而成形。“势成之”，是指自然规律的运行使其成长壮大。“常”，恒常不变，固有之意。

“故道生之畜之，长之育之，亭之毒之，养之覆之。生而不有，为而不恃，长而不宰，是谓玄德”是直接告诉人们德就是道的表现形式，道是不能直接被感知的，但道的运行却创造了万物，抚育了万物，繁衍了万物，呵护了万物，所以道的运行结果是可以为人所感知的。

道之运行完全是一种自然的无为之行，生而不有，为而不恃，长而不宰，这就是德的本质属性，也就是老子所谓的德的核心内容。“亭”，成也。“毒”，繁殖。

四十五章

题解

老子认为，人不必睁开眼睛观看，更不必张开嘴巴说话，只要把门关严，闭上眼睛，守住自己的本性，就安全了。因为睁开眼睛，就难免受到诱惑；张开嘴巴，就难免招来祸患。无知无欲，就太平无事了。

这样做人，无益于社会。但从养生的角度讲，在高度紧张的工作学习之余，能有短暂的塞兑闭门，肯定有益于健康。

老子告诫说：“用其光，复归其明。”以免招来大祸。在错综复杂的形势下，韬光养晦，不做众矢之的，是保全自己的策略之一。

正文

天下有始，以为天下母。既得其母，以知其子。既知其子，复守其母。没身不殆。塞其兑，闭其门，终身不勤。开其兑，济其事，终身不救。见小曰明，守柔曰强。用其光，复归其明，无遗身殃，是谓袭常。

译文

天地万物都有它们所以得以生成的本原(道)，以这个本原作为天地万物的母亲。既然为天地万物找到了母亲，就知道了天地万物都是这个母亲的子女。既然知道天地万物都是这个本原的子女，那么做子女的天地万物就要唯母亲的统驭支配是从。(能够做到唯道是从)那么就能实现从出生到死亡都不会遭遇危殆。堵塞住可视可听可味的通道，关闭住各种世俗烦扰可以进入的门户，

(没有五色、五音、五味的困扰)终身不会出现忧劳。打开可视可听可味的通道，奔波于满足视觉、听觉、味觉享受的事业，终身会饱受煎熬不可挽救。能够用眼睛看到极微小之物，称作眼睛明亮。能够坚守住柔弱不争境地称作意志坚强。用母亲(道)所给予的光亮，复归到母亲那样的明察事物之至理的境地，就不能为自身留下祸殃，这就是所说的从母亲那里承袭了母亲所固有的人之自然无为的品性。

评点

此章老子主要阐述天地万物都是由道所生，道是天下万物的母亲，既然天地万物皆生于道，就必须接受道的统驭和支配。道是不可感知的，道也不会像人类那样用语言对人发出指令，但是道可以通过它的表现形式德让你体会得到道对天地万物的要求。修德就是体道，就是顺从于道。自然和无为是道之德的本质属性，因此顺从于道就是实行自然无为。笔者在前章对老子所谓的无为曾说：无为并非说什么也不能做，无为是指不能怀有任何企图去做的理解。此章老子所讲的顺从于道亦是强调：不能接受世俗物欲的诱惑，不能为满足物欲去奔波劳顿。在此章老子用母子关系去比附道与天地万物的关系，子女的血管中流淌着母亲的血，应该具有母亲的品性，因此天地万物都应该承袭母亲的品性，而像母亲所表现于外的德那样，做到自然无为。

“天下有始，以为天下母。既得其母，以知其子。既知其子，复守其母。没身不殆”是用母子关系去比附道与天地万物的关系，要求人们像子女对待母亲那样顺从道的统驭和支

配。“始”，初始之意，《说文》：“始，女子初也。”意谓女子刚刚怀孕，“天下有始”，意谓天下的产生有一个孕育天下的母体，这个母体就是天下的母亲。老子认为：天地万物都是由道所生，所以“始”亦即指道而言。“复守”，回过头来进行卫护。既然知道了道与天地万物是母子关系了，那么作为子女就有责任去卫护母亲，怎样卫护呢？顺应道而修德做到自然无为就是卫护，不顺应道，违道而行则是危害道。“殆”，危殆。“没身不殆”，终生没有危殆，卫护道不仅对道有益，于己也有益，因为不顺应道就要受到道的惩罚，顺应了道可保终生之平安。

“塞其兑，闭其门，终身不勤。开其兑，济其事，终身不救”是讲应该在哪些方面顺应道卫护道。老子认为人之违道主要在于五色、五音、五味的诱惑，五色令人眼盲，五音令人耳袭，五味令人口爽，难得之货让人心发狂。所以必须关闭能使五色、五音、五味和难得之货可以侵入思想意识的通道。“兑”，《说文》：“口也。”指人的眼、耳、鼻、口，这是五色、五音、五味可以侵入的通道。这里的所谓堵塞并非是不看，不听，不吃之意，而是指堵塞滋生之外诱惑的通道。“勤”，《说文》：“劳也。”指忧劳而言。“济其事”，为其事而劳作，指物欲所想之事。

“见小曰明，守柔曰强”是讲事之常理，用以领起下文。把微小之物都能看得很清楚，自然是眼睛明亮的表现，能自甘于常处低下之地位也显然显示出了其意志的坚强。以小胜大，以弱胜强是老子的一贯主张。

“用其光，复归其明，无遗身殃，是谓袭常”是从对道与天地万物的母子关系的比附而生发出来讲顺从道的自然之理和好处。天地万物从道之母体中生，用道之光，复归道之明是自然之理，是顺理成章之事，而且顺从于道也不会受到道的惩罚。“其”，指道而言。“袭”，承袭。“常”，固有的，恒常的，指道的品性而言。

四十六章

题解

这一章老子无情揭露了那些不走正道的君主，颇为痛快。

与“行于大道”相反的“施”、“径”，都是邪门歪道的意思，而当时的诸侯贵族就喜欢走邪路。“民好径”的“民”，《景龙碑》、《龙兴观碑》都作“人”，是指君主而言的。

统治者骄奢淫逸，横征暴敛，大兴土木，建造巍峨的宫殿，穿着锦绣的衣服，佩带锋利的宝剑，整天饮酒作乐，到处搜罗珍稀名贵的宝物，以向老百姓夸耀。结果造成田野荒芜，仓廪空虚，引发严重的社会危机。老百姓活不下去了，君主们头上的王冠也就保不住了。

老子认为这都是君主不行大道，即不能无欲无为所致。

正文

使我介然有知：行于大道，惟施是畏。大道甚夷，而民好径。朝甚除，田甚芜，仓甚虚。服文采，带利剑，厌饮食，资货有余，是为盗夸，非道哉！

译文

（经过长时间的思考）使我顿然领悟到一个道理：在宽阔的大路上行走，最怕的是斜行不能走成一条直线，这就是为什么大道非常宽阔平坦，而老百姓却喜好走小径的道理。朝阳最明亮的时候它就跃出了地平面，田地过多就出现了荒芜的现象，仓库过大里

面就显得空虚。穿华美的衣服，佩带锋利的宝剑，吃美食喝美酒以至到厌食的地步，拥有的财产达到用不完的程度，这是以盗窃之物而夸耀，是违背道的。

评点

此章老子通过讲过犹不及的道理，引申出在人生历程中奢侈不如简朴的道理。“使我介然有知：行于大道，惟施是畏，大道甚夷，而民好径。朝甚除，田甚芜，仓甚虚”是讲过犹不及的道理。“介然有知”，是指顿然而悟，此句为因果复句，由何使老子顿然而悟？老子没有说，总之是顿然而悟了，为了使此句完整，笔者在译文中加上了“经过长时间的思考”，是只求句子的完整，并不敢说是老子的原意。“施”，同迤，是说在宽阔平坦的大路上，难于把握抓住一条直线行进，往往在路上走成之字，这样就要跑很多的冤枉路。

“夷”，平坦宽阔。“径”，小路，小路不宽，便于人把握可以走成直线，不走冤枉路。“朝”，朝阳。“除”，登高之台阶。“朝甚除”，是指早晨的天空到了最明亮的时候太阳也就升高了。对此句之理解，解老诸家多数人认为“朝”是朝廷之朝，从而此句意为：把朝廷装饰得华美。又从而把“田甚芜”、“仓甚虚”理解为：由于朝廷装饰华美了，从而使田园非常荒芜，仓库非常空虚。愚以为，此解很难说得通，一是此句并无因果关系，完全是一种并列的语句形式；二是老子在此一段并没有论及人事，只是在说明一个过犹不及的道理。“甚”，超过限

度。老子一向强调事物的发展有一定的限度，超过了度就会发生质变，走向反面。

“服文采，带利剑，厌饮食，资货有余，是为盗夸，非道哉！”是从上述的自然之理而推及人事，人事的发展亦与自然之理一样，过犹不及，因而奢侈不如简朴。老子一向认为道之理在于为用不为利，为腹不为目，人对自然和社会的索取以可以滋生为度，超过这个度就要受到道的惩罚。“文采”，花纹和图案，古时人们穿衣服常以质料和花纹图案的艳丽与否为尊贵和贫贱的标志，所以老子说“衣文采”。“厌”，厌饱，美味美酒饮食多了，就觉得世间什么东西都不好吃，见到什么东西都不想吃，所以老子以“厌饮食”来形容富贵奢侈者。“余”，多余，资财在可以滋生之外还有剩余。“盗夸”，以盗窃之物而夸富，老子认为，拥有之资财正可滋生是为资财拥有的正常之度，超过了这个度，余下的资财就犹如盗窃来的一样，因此老子认为“衣文采，带利剑，厌饮食，资货有余”无疑于盗窃。

四十七章

题解

这一章讲的是贵族政权怎样才能世代相传而不灭亡的道理。

老子的“善建”、“善抱”，指的是从内心去建设，去抱持，也就是加强自身修养，练内功。从自身做起，进而扩及家族、乡里、邦国、天下，这与儒家的“正心诚意修身齐家治国平天下”近似，也是从自己的内心开始，顺序也差不多。只是老子修的德是保全人的淳朴，达到无知无欲；孔子讲的“修文德”，则要学习文化典籍，要讲仁义礼乐。

尽管修的德不一样，但老子强调从自身的思想建设入手，才能巩固政权，还是有道理的。

正文

善建者不拔，善抱者不脱，子孙祭祀不辍。修之身，其德乃真；修之家，其德乃余；修之乡，其德乃长；修之邦，其德乃丰；修之天下，其德乃普。故以身观身，以家观家，以乡观乡，以邦观邦，以天下观天下。吾何以知天下之然哉?以此。

译文

善于立法的人自己就被禁锢在法律的规范之内拔不出身子，善于聚拢徒众的人自己也被聚拢在徒众之中脱不出自身，(这样的人不仅受到法律和徒众的搅扰，而且死后亦不得安宁)，子孙对其的祭祀总不间断。把德修炼到一个人身上，德表现出来的是纯真；修炼到一家，德表现出来的是富裕；修炼到一乡，德表现出来的是邻里相处和睦久远；修炼到一邦，德表现出来的是丰饶；修炼到整个天下，德表现出来的则是自由平等。因此以是否纯真去观察一个人是否有德，以是否富裕观察一个家是否有德，以邻里相处是否和睦久远观察一个乡是否有德，以邦国的经济是否丰饶观察一个邦国是否有德，以天下百姓是否都自由平等观察天下是否有德。我凭借什么去确认天下的社会状况是好是坏呢?就是靠用这个标准去考察天下。

评点

此章老子从批判有为出发阐述无为之理，提出修身、齐家、睦邻、治国、平天下的标准。老子认为：法家以法制以求修身、齐家、睦邻、治国、平天下，儒家以聚徒讲学以求修身、齐家、睦邻、治国、平天下，都是有为，都是不但禁锢他人也禁锢自我的愚蠢做法。道之德的理念，是自然无为的理念，应该用自然无为去修身、齐家、睦邻、治国、平天下。在老子的理想之中，以自然无为去修身，那么就会人人都变得纯真，从而消除了人心险诈；以自然无为去齐家，那么家族成员都以纯真无诈事家，从而家庭也会成为富裕的家庭；以自然无为去与乡邻相处，那么人人都以纯真对人，从而乡邻之间也能和睦久远；以自然无为去治理邦国，邦国也能兴旺发达；以自然无为去治理天下，天下百姓就都能获得自由平等。老子一向认为：理想的社会是一个人民不知道有统治者的社会，其实这一理想社会自人类进入阶级社会始，就已经成为一种幻想了。

“善建者不拔，善抱者不脱，子孙祭祀不辍”是批判法家和儒家的社会观，法家强调以法治国，儒家强调以礼乐教化治国，都是有为之治，都与老子的自然无为的理念格格不入，因此老子对其进行否定。“建”，《说文》：“立朝律也。”是国家建立法律之

意，“善建者”，就是善于立法的人。“不拔”，拔不开脚步之意，亦即受法之禁锢不得自由之意，老子提倡自然无为，反对任何对人之禁锢的社会形式。“抱”，聚拢，“善抱者”，就是善于聚拢徒众的人，当老子之世，孔子聚徒讲学，弟子三千，是第一个“善抱者”，老子对其采取不赞成的态度，老子本人一个徒众也不收。“不脱”，脱离不开自身，亦是不得自由之意。“祭祀”，一种怀念先人的仪式。“不辍”，不间断。儒家特重视宗族的延续，所谓“不孝有三，无后为大”，把是否有子孙对宗庙进行祭祀看成头等大事。老子提倡自然无为，反而把子孙的祭祀看成是一种搅扰，是对安宁的破坏，因此也持反对态度。对以上三句，几乎所有解老者都认为前两句是讲打好基础，有了好的基础，子孙就能绵延不断。因此把前两句解为：善于建筑的人所建之物不会倒塌，善于搂抱的人所抱之物不会脱落丢失。愚以为，此解绝非老子原意，且与后文没有内在联系。

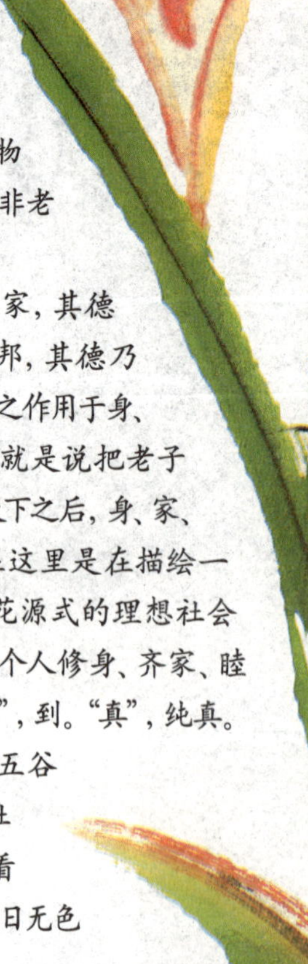

“修之身，其德乃真；修之家，其德乃余；修之乡，其德乃长；修之邦，其德乃丰；修之天下，其德乃普”是讲德之作用于身、家、乡、邦、天下的表现形式，也就是说把老子所讲的德修炼到身、家、乡、邦、天下之后，身、家、乡、邦、天下将会怎么样。老子在这里是在描绘一幅由自然无为之德作用下的桃花源式的理想社会的图画。“修”，修炼，使德成为个人修身、齐家、睦邻、治国、平天下的自觉规范。“之”，到。“真”，纯真。“余”，富余。“长”，久远。丰，五谷丰登，上古社会是农业社会，社会的经济状况的好与坏，主要看农业的收成。“普”，《说文》：“日无色也，从日从並。”徐锴注曰：“日无光则远近皆同，故从並。”愚意以为：並，双人并立之形，实是指日光无私，同样照射到每一个人之意，非是日无光之意，但徐锴注普义为同是大致不错的，“其德乃普”，是说所表现出来的德是人人平等的形象之意。有人对此段的理解为：道修至于立身，其德乃纯真；修至于治家，其德乃饶多；修治于治乡，其德乃广大；修治于治国，其德乃丰硕；修至于治天下，其德乃博大。此种理解过于对老子语义理解的表面化了。首先以何修之，是值得讨论的，我认为老子所讲的是以德修，非以道修，如以道修，则德前不必用其，完全可以成“修之身，德乃真”的句式。之所以用“其”，是表明修前所省略者为德。其次，德乃真等，也不是指德而言，是德作用于身、家、乡、邦、天下后，身、家、乡、邦、天下所之表现而言。

“故以身观身，以家观家，以乡观乡，以邦观邦，以天下观天下。吾何以知天下之然哉？以此”是讲如何检验身、家、乡、邦、天下是否有德。怎样检验呢？老子提出了标准，那就是以修之身作为检验身之标准，以修之家作为检验家之标准，以修之乡作为检验乡之标准，以修之邦作为检验邦之标准，以修之天下，作为检验天下之标准。换句话说就是以纯真、富裕、久远的和睦、丰饶和平等自由作为检验身、家、乡、邦、天下是否有德的标准。在这里老子通过提出这样一个标准以期建立一个他所希望的理想社会。

四十八章

题解

老子多次赞美婴儿赤子。这里讲的赤子不受毒虫、猛兽、攫鸟伤害，是否就是四十三章所说的“陆行不避兕虎”呢？“握固”、“朘作”、“不嗄”，老子认为是由于“精之至”，“和之至”，大概就是后世所谓“纯阳之体”吧？

老子“益生曰祥”的观点值得重视。过度的保护，人为地延长，是养生的大忌。四十三章的“生生之厚”，也是这个意思。

正文

含德之厚，比于赤子，毒虫不螫，猛兽不据，攫鸟不搏，骨弱筋柔而握固。未知牝牡之会而朘作，精之至也；终日号而不嗄，和之至也。知和曰常，知常曰明，益生曰祥，心使气曰强。物壮则老，是谓不道。不道早已。

译文

人所蕴含的德达到深厚境界之后，就好比尚不能着衣戴冠的婴儿一样，毒虫不去螫咬他，猛兽不去扑击他，凶鸟不去抓撕他，他虽然骨弱筋柔但能够把物品牢固地握在手里。(婴儿)虽然不懂得男女性交之事而阴茎也会勃起，是因为精子到达了阴茎所至；终日号哭而声音不哑，是由于以气调和阴阳到达了声带。知道以气调和阴阳称作常，知道何者为常称作明，阴阳合和有益养生称作祥，心里生气气息不畅称作强。物之阴阳失调阳气太盛则衰老，这就是所说的不合于道。不合于道就会过早灭亡。

评点

此章老子通过讲德修至深厚之境就达到自然无为之境，到达自然无为之境就能实现百害不侵，从而阐述人之本体的阴阳调和不必刻意为之，只要顺其自然阴阳自会自动调和。并进而讲阴阳调和之重要，阴阳不和的害处，特别指出阳盛之危害。

“含德之厚，比于赤子，毒虫不螫，猛兽不据，攫鸟不搏，骨弱筋柔而握固”是讲修德乃至深厚之境的好处。“含德”，所含孕之德，是指修德的程度而言。“赤子”，指婴儿，婴儿不着衣冠，所以称赤子。“毒虫”，体内含有毒素的昆虫和爬行动物。“螫”，咬。“猛兽”，食肉类凶猛的动物。“攫鸟”，老鹰等凶猛的禽鸟。

“未知牝牡之会而朘作，精之至也；终日号而不嗄，和之至也”是讲阴阳的调和不必刻意为之，只要顺其自然，阴阳自会自动调节。“牝牡之合”，雌雄交配，牝为雌，牡为雄。“朘”，阴茎。“精”，精子。“号”，哭。“和”，“万物莫不负阴而抱阳，冲气以为和”之和，实是讲气也。老子认为：宇宙中每一种物体又都有阴阳两种属性，就生物来说，有以阴为其主体的牝，有以阳为其主体的牡，牝、牡的阴阳平衡是以性交配的形式出现，当牝之阴盛、牡之阳盛之时，通过牝牡交合，就可实现阴阳平衡。因此牝、牡的性交配，并非只是一种生物意识的反映，而更重要的更是一种阴阳平衡的需要。“未知牝牡之会而朘作，精之至也”，就是说以阳为其主体的牡之性器官的勃起，并非仅是意识中的性欲念所使然，更为重要的是牡之体内阴阳失衡，阳过盛之所至，婴儿并不懂得牝牡之合，但阴茎也会勃起就是明证。老子又认为：除物种之有阴体、阳体之分，可通过牝牡交会实现阴阳平衡外，万物又都为阴阳之合体，中间以气冲之，气之运行自动调节阴阳之平衡。“终日号而不嗄，和之至也”就是说体内阳过盛，气自动抑阳，冲击声带以泄阳，终日号是气自动抑阳的表现，通过号以达阴阳之衡，所以号而不哑。否则婴儿本无欲念之想，何以号之？

“知和曰常，知常曰明，益生日祥，心使气曰强，物壮则老，是谓不道，不道早已”是由上段讲阴阳均衡之理，而提出守柔、秉其自然的理念。“常”，恒常，自然，只有自然才能达到恒常，任何有为都不可恒常，有为是暂时的，自然是永久的。“明”，通也，是说对事理的通达。“祥”，吉祥。“强”，阳盛为强。“壮”，亦是阳盛之意。“老”，衰也。“已”，完结，灭亡之谓。通过对上段对阴阳调和之论，老子顺理成章地提出了“知常”、“守柔”、“秉自然”的论断。知常者，知事理之自然也，自然为顺道，顺道则永恒，不知常则不知“秉自然”之妙，则违道，违道则早已。在提出上述论点时，老子又一次强调不能强，不能壮。强、壮都是阳盛的表现。老子为什么只强调抑强抑壮呢？因为“秉自然”就是弱就是柔，人而为人皆愿意争强争胜，所以强调抑强抑壮。

四十九章

题解

“知者不言，言者不知”。这种现象到处都可以看到。老子不喜欢“多言”，主张“塞其兑”，什么也别说。

“塞其兑，闭其门”，又见于五十二章；“挫其锐，解其纷，和其光，同其尘”，又见于四章，可见是老子非常得意的观点。

“不可得而亲”等六句，所指不明确，好像是兼指君王与臣民的，是老子理想的境界，亲疏、利害、贵贱都被排除在外，真是和光同尘了。

正文

知者不言，言者不知。塞其兑，闭其门，挫其锐，解其纷，和其光，同其尘，是谓玄同。故不可得而亲，不可得而疏，不可得而利，不可得而害，不可得而贵，不可得而贱。故为天下贵。

译文

通达道的理念的人不用语言去表达道，用语言去表达道的人是不懂得道的理念的人。(懂得道的理念)就要堵塞住那些可视、可听、可味的通道，关闭住那些世俗烦扰可以进入的门户，挫磨去自己那些锋锐之处，解除自己那些无谓的纷扰，让道之光溶入到自己的灵魂，同道融为一体，这就是所说的同于道。因此(就应该做到)对待他人不可因其与己亲近而亲近他，不可因其与己疏远而疏远他，不可因其曾有利于己而还利于他，不可因其曾有害于己而害他，不可因其尊敬于己而尊敬他，不可因其轻贱于己而轻贱他。因此能够得到普天下之人的爱戴。

评点

此章老子主要论述人如何才能同于道的问题。老子认为：人的品性的最高修为就是同于道，亦即是以道之品性为己之品性。在四章老子讲道的品性，其中就有“挫其锐，解其纷，和其光，同其尘”，此章老子要求人所达到的品性，亦提出“挫其锐，解其纷，和其光，同其尘”。讲道的上述品性，是说道具有挫磨万物锋锐，解除万物纷扰，把光和热均匀分配给万物，为万物创造了一个可资生存的大地的功能。讲人是讲人要按照道的要求自行挫磨去自身之锋锐，自行解除自身之纷扰，自行与道融为一体。按照道的要求重塑自我品性就是同于道。怎样按照道的要求去同于道呢，上述之“挫其锐，解其纷，和其光，同其尘”只是一种原则的勾画，具体地则应做到“不可得而亲，不可得而疏，不可得而利，不可得而害，不可得而贵，不可得而贱”。

“知者不言，言者不知。”是讲道的理念不是用来言说的，而是让人按照道的理念去修炼的，因此通达道之理念的人是不去夸夸其谈的，夸夸其谈的人就是不懂得道的理念。此二句是导入正题的导语，为下面所要论之正题张目。

“塞其兑，闭其门，挫其锐，解其纷，和其光，同其尘，是谓玄同”是从原则上讲如何去修炼道的理念。“玄同”，同于道，老子常称道的理念为玄理，因此“玄同”实是指同于道之意。“和其光”与四章的“和其光”不同，四章之“和其光”是指道的功能而言，此章则是指人与道和，同样“同其尘”也是如此。

“故不可得而亲，不可得而疏，不可得而利，不可得而害，不可得而贵，不可得而贱。故为天下贵”是讲人若同于道具体讲应该如何修炼自己的品性，即从哪些方面“挫其锐，解其纷，和其光，同其尘”?道是世界物质中未被感知的存在，道有灵性，但同人的灵性不同，人通过“兑”、“门”的感受感知，产生了喜恶好憎的思维模式，而道为至公，没有喜恶好憎，因而人若同于道，亦应没有喜恶好憎。老子认为：得亲而亲，得疏而疏，得利而利，得贵而贵，得贱而贱，是人之劣根性，因此必须根除。此段是老子对儒家思想中投桃报李思想的彻底否定。

五十章

题解

在老子看来，“奇”是邪恶的。其实，“奇”就是新鲜事物。“人多技巧，奇物滋起”。这个“奇物”就是“利器”，就是推动社会进步的新的生产力。老子认为技术进步必然以社会风气败坏为代价。物质文明与精神文明不总是同步发展的。老子可能是世界上最早论及这一问题的哲学家。

这一章是老子书中流传最广的篇章，某些句子的解释也颇多歧异。

“其政闷闷”，就是前章的塞兑闭门，和光同尘，“无为”，“好静”，“无事”，“无欲”，就是四十二章的“善者吾善之，不善者吾亦善之”，不别亲疏贵贱，不分是非利害，结果是民众朴实厚道。

“其政察察”，就是“天下多忌讳”，“法令滋章”，就是“礼者，忠信之薄，而乱之首”。老子认为政治搞得越清楚，老百姓就越不淳朴。

祸福相互转化，现在流行的说法是：好事能变成坏事，坏事也能变成好事。

正文

以正治国，以奇用兵，以无事取天下。吾何以知天下之然哉？天下多忌讳，而民弥贫。民多利器，国家滋昏。人多技巧，奇物滋起。法令滋章，盗贼多有。故圣人云：我无为，而民自化；我好静，而民自正；我无事，而民自富；我无欲，而民自朴。其政闷闷，其民淳淳；其政察察，其民缺缺。祸兮福所依，福兮祸所伏，孰知其极，其无正邪？正复为奇，善复为䄏。民之迷，其日故久矣！是以圣人方而不割，廉而不刿，直而不肆，光而不耀。

译文

（天下大事必须坚持它的固有发展规律），治理国家要用正道，用兵要用奇道，夺取天下要用和平的方式。我是如何得出天下事必须坚持上述原则的结论的呢？（这是因为我发现这样一些事实存在）：人世间存在的忌讳越多，而老百姓就越贫穷；老百姓手里占有的武器越多，而国家越不安定；人的创造力越高，而千奇百怪的东西越不断地涌现；国家的法令越多，而盗贼越多。（也正因为有上述的这些客观存在），所以那些有见识的统治者才说："我做到了无为，老百姓就自然服从了王化；我喜欢安静，老百姓就自然走入正道；我坚持与邻邦和平共处，老百姓就自然可以富裕起来；我没有对物质利益的穷奢极欲的追求，老百姓自然也会养成纯朴节俭的习惯。"（由此也可以得出这样的结论）：国家的政治法令越是不清晰明确，国家的民风越纯朴；国家的政治法令越是清晰严苛，国家的民风越败坏。祸是因为

有福的存在它才得以存在，福里面隐藏着祸。怎么可以确定祸发展到了它的极限，它不能转化为福呢?正的反面是奇，喜欢奇诡称作订(变幻不定，搞阴谋诡计)。老百姓的本性迷失，其时日毕竟已经很久远了!也正因为如此因而圣人在治理国家时对老百姓只从大的方面做原则性的规范而不从细小之处入手制定繁琐的律令，所做的原则性规范虽然具有威慑作用但对老百姓决无伤害，这些原则性规范虽然直截了当但却不显露无遗，虽然清楚明白却不使人感到不舒服。

评点

此章老子讲的是在道的理念指导下的为政之道。老子的《道德经》在阐述为政之道时，通篇都贯穿着自然无为的思想，他从不同侧面纵谈自然无为的必要性。此章他从为政的总原则，历史的经验教训，统治者的表率作用等方面入手，提出了他自己的治国方略。与前些章只强调以自然无为治国不同，在此章老子也承认当其时代亦需要对民应有所规范，这种需要有所规范的前提是"民之迷，其日故久矣!"在这种积重难返的情况下，对民有所规范，使其拨乱反正是应该的，但这种规范应该从大的方面着手，不应抓鸡毛蒜皮的小事，应该以不伤害老百姓为原则，所做规范的内容条款应该是含蓄的，使人感觉不到的。应该说老子的意思还是强调为政要自然无为，有为只是暂时的，一旦民之迷而成民之明，有为即应马上转为无为，而且即使有为亦应是有限度的有为。

"以正治国，以奇用兵，以无事取天下"是讲为政的总的原则。"正"，正常之道，同时又有静止之意。《说文》："正，是也，从止一，以止。""是也"，是正常之意；"以止，"是静止之意；老子讲自然，就是讲静。"奇"，奇诡。用兵与治国不同，治国讲正讲静，而用兵则必须讲奇讲变。"无事"，和平方式，强调夺取天下不用暴力而应以和平方式夺取，显然老子是受三代以内的君主禅让制之影响，期盼在春秋时代也出现君主禅让的局面，从而消灭战争。此段老子讲为政之总原则，主要思想是讲以正治国和以无事取天下。讲以奇用兵只是从普遍的理性出发，反衬以正治国，决非赞同战争，我们不能曲解了老子的语义。

“吾何以知天下之然哉?天下多忌讳，而民弥贫；民多利器，国家滋昏；人多技巧，奇物滋起；法令滋章，盗贼多有”是讲历史的经验教训。“忌讳”，避忌、顾忌，风俗礼仪所规定的不可说的话，不可做的事，多以迷信色彩出现。老子认为人若秉其自然，不可为迷信假说所迷惑，祭神祭祖徒浪费资财，忌开山、忌动土影响生产，所以说“天下多忌讳，而民弥贫”。“利器”，作战所用之武器。“滋”，滋生。老子认为，老百姓手里握有过多的武器，是国家产生战乱的根源，显然老子是反对人民群众以暴力反抗统治者的。“技巧”，创造力。“奇物”，千奇百怪的事物。老子认为：凡属不是天然生成的事物，由人的创造力而创造的事物都是违道的，显然老子的这一思想是保守落后的，是阻碍生产力发展的。“法令”，法律条款。“章”，多。老子向来反对以法治国，法治本身就是对自然无为的否定，所以老子反对国家制定法令。

“故圣人云：我无为，而民自化；我好静而民自正；我无事而民自富；我无欲，而民自朴”是讲统治者在治理国家中的表率作用。从而强调作为统治者在为政中要做到自然无为。“其政闷闷，其民淳淳；其政察察，其民缺缺。祸兮福所依，福兮祸所伏，孰知其极，其无正邪?正复为奇，善复为託。民之迷，其日故久矣，是以圣人方而不割，廉而不刿，直而不肆，光而不耀”是老子针对春秋战国的现实情况，提出的治国方略。“闷闷”，含混不清之貌。“淳淳”，纯朴自然之貌。“察察”，严苛分明之貌。“缺缺”，狡黠之貌。老子认为：为政之道在于含混不清，只有含混不清，其民才会纯朴天然；如果为政过于严苛分明，其民反而会变得奸狡起来。“极”，顶点。“託”，同妖。“故”，毕竟。“方”，大的方面。“割”，分割，琐碎。“廉”，棱角。“刿”，伤害。“肆”，显露。“耀”，刺眼。“祸兮福所依，福兮祸所伏”是老子提出的著名的哲学观点，老子之后，广为后人所接受。老子的为政观讲求的是为政自然无为，因此他提出了为政要含混，政令的制定要从大处着眼，只做原则规定，不在琐碎细节上做文章，制定政令要以不伤害百姓，不令百姓感到不舒服为其准则。

五十一章

题解

一个"啬"字给后世养生家留下一个经久不衰的话题。啬，是穑的本字，是收获庄稼的意思，含有收藏、爱惜之义 。

"啬"怎样"积德"，怎样"有国"，大约就是无欲无为，"子孙以祭祀不辍"，"可以长久"地做侯王。

对于许多养生家来说，"啬"是保养精气的同义语。他们认为人的精气来自先天，而五色、五音、五味都会耗散精气，色欲则戕伐先天之精，所以主张节欲。

"深根固柢，长生久视"，是气功家的格言。

正文

治人事天莫若啬。夫惟啬，是以早服。早服是谓重积德，重积德则无不克，无不克则莫知其极，莫知其极可以有国，有国之母可以长久。是谓深根固柢长生久视之道。

译文

治理老百姓和祭祀上天没有比节俭少费更符合道的了。(做事)依照节俭少费的原则去做，因而也就能够提早顺从道。提早顺从于道被称作为重视积德，重视积德则没有不能攻克的难关，没有不被攻破的难关则不会出现事物矛盾双方发展到极至状态的情形，不出现事物矛盾双方发展到极至状态的情形可以使一个国家得以存在，国家得以存在了再按照既定的治国方略去做可以使国家长治久安。这就是所说的深根固柢长生久视之道。

评点

此章老子主要论述为政之道以节俭少费为原则的重要意义。老子认为：无论是“治人”还是“事天”都要本着节俭少费的原则。节俭少费的原则是符合道的，顺从于道做什么事都不会出现险阻，按照节俭少费的原则治理国家国家就会长治久安。

“事天”，祭祀天，在老子时代对自然的崇拜还仍然是人们最主要的信仰形式，对神和祖先的崇拜的兴盛是老子之后的事。有人认为“事天”是指对待自然，因此把视天莫若啬解释为对自然的索取要有限度，这是近几年对环境保护重视之后才在学者中新生发出来的观点。在老子时代，人们祭天常常极尽铺张浪费之能事，所以老子反对这种做法，与上章之“天下多忌讳而民弥贫”相照应。“啬”，节俭少费，在古代啬并非为贬义词，在汉代就有以“啬”作为官名的现象。“莫知其极”，是指不知道事物矛盾双方可以使矛盾激化到极至状态的情形，为什么不知道？因为顺从于道就不会出现这种情形，是因为没有出现是以不知也。“有国”，使国之得以存在，并非是可以得国。“有国之母”，是指使国家得以存在的根本原因，亦即指节俭少费，老子把节俭少费比做使国得以存在的母亲，是极言节俭少费之重要。“长生久视”，是指人之生命之长久，眼睛可以看得着的事物之长久。

五十二章

题解

老子把“治大国”比作“烹小鲜”，意思是放进锅里，不要翻来翻去瞎折腾，因为摆弄多了，小鱼就烂糊了。治理国家也怕折腾，朝令夕改，民众无所适从。无为而治，自然就不伤人。

正文

治大国者若烹小鲜。以道莅天下者其鬼不神。非其鬼不神也，其神不伤人，非其神不伤人也，圣人亦不伤民。夫两不相伤，则德交归焉。

译文

治理大国就像烹煎小鱼一样必须小心谨慎不做无谓的翻折。(道的理念是治国的最佳指导思想)，以道的理念作为统辖天下的根本法则那些妖魔鬼怪也没有神通了。这倒不是那些鬼怪的神通消失了，而是因为它们的神通不用来伤害人了。这也不是因为它们的神通的力量不足以伤害人，是因为统治者也不伤害老百姓了，(因而鬼怪也没有机会去伤害人了)。如果(世界上)能够出现人和鬼怪和平共处两不相伤的局面，那么人德和鬼德就交汇到了一起都归入到道之德了。

评点

此章承继上章，老子继续讲治国之道。上章老子讲节俭少费在治国中的重要意义。在上章老子虽然没有明言治国必须秉承自然无为的宗旨，但节俭少费的前提条件则必须是自然无为，有为则有费，实际上老子强调的还是自然无为的思想。此章老子所强调的仍然是自然无为。“以道莅天下”就是强调以自然无为去治理天下。

“治大国者若烹小鲜”，“小鲜”，小鱼，小鱼没有长成，骨弱肉薄，烹煎小鱼所忌者就是不断翻折，如不断翻折，势必将小鱼煎碎。老子以此喻治国必须坚持政策的一贯性，政策多变势必扰民。遵一法以治天下，即是无为，老子实际要说的还是无为而治的思想。“以道莅天下者其鬼不神”，“莅”，同“莅”，是临，统驭之意。道之体现为德，德的核心内容就是自然无为，“以道莅天下”就是用自然无为去治天下；“其鬼不神”，其鬼是指上文之天下之鬼，不神是说没有神通，其鬼在这里老子实是指那些仗恃圣人(统治者)而残害百姓的官吏而言，下文“圣人亦不伤民也”实是为“其鬼”所做的注脚，有谁可以仗恃圣人而害人，惟官吏耳！老子以圣人指统治者，以鬼怪指官吏，实具有极大的讽刺当时社会的意味。

五十三章

题解

居下流的思想，老子多次提及。八章的"上善若水，善利万物而不争，处众人之所恶"；二十四章的"为天下谿"，"为天下谷"，含义大致相同。"牝常以静胜牡，以静为下"，也是老子多次提及的。三十八章说"清静为天下正"，可见并非权谋策略。

但实践这种思想的无不是谋略。

正文

大国者下流，天下之交。天下之牝，常以静胜牡。牝以静为下，故大国以下小国，则取小国。小国以下大国，则取大国。或下以取，或下而取，大国不过欲兼畜人，小国不过欲入事人，两者各得其所欲，故大者宜为下。

译文

大国是天下低洼能容之处，是天下的各邦各国的交会之所。天下的雌性，常常以其沉静而博得雄性的青睐。雌性以沉静作为容纳雄性的手段，因此大国亦应该以其宽容的精神吸纳小国的归服。小国以谦下的精神对待大国，则能博得大国的好感得到大国的帮助。(大国和小国各有所需)，有的以其宽容而吸纳其归附，有的以其谦下而取得帮助，大国的目的不过是想要兼并别人，小国的目的不过

是想要依附于别人，通过宽容和谦下两者都达到了目的，因此作为实力雄厚的方面应该把自己摆在宽容能纳的地位。

评点

此章老子讲邦国之间如何相处的问题，提出了邦国之间的交往原则是“或下以取”和“下而取”的论点，特别强调“大者宜为下”。老子此一论断是针对春秋之时，大国常以暴力吞并小国的实际情况而发，老子提出此论的目的是期望通过此论起到国与国之间达到和睦相处的目的。

“大国者下流，天下之交”是讲大国在天下邦国之中的地位。“下流”，水流之归依之处，指可容纳百川的低洼之处，或以海而喻大国。“交”，交会之意。此两句是说，大国在天下各邦国中的地位犹如低洼之处或如海洋一样，可以容纳百川(各邦国)之水，是天下各邦国可以交汇之处。

“天下之牝，常以静胜牡。牝以静为下，故大国以下小国”是讲国与国之间的交往就如生物界的雌雄交配一样，雌静雄动，而雌能耐久，所以雌胜雄。并以此现象推及国与国之间的交往，说国与国之间的交往亦应像雌雄之性之交合一样，大国应以静而吸纳小国。所谓的静就是不以强力去侵扰小国，而应与小国和平共处，以博得小国之信任，从而归附。“牝以静为下”之“下”，是从上文“大国者下流”的“下流”之含意而来，是说静可以像容纳百川的低洼之所一样，可容纳于雄从而胜雄。“大国下小国”是说大国以能容纳的精神去对待小国，亦即小国有何忤怒大国之处，大国

要做到宽容而待。“下”，亦是容纳之意。

“小国以下大国，则取大国”是讲小国以谦下对待大国，这样就能取得大国的信任。此句之“下”与上文之下不同，大国强，小国弱，小国之于大国显然处于受支配之地位，所以应以忍让和谦下去对待大国，使大国不出现疑心。在春秋之际，小国常常今天依附于这个大国，明天又依附于那个大国，因此大国常对小国的忠诚怀有疑虑，要取得大国的信任，则必须以谦下和忍让的态度而对待之。“取”，并非夺取之取，因下文有“小国不过欲入事人”，所以完全可以肯定：此“取”是取得信任之取。

“或下以取，或下而取，大国不过欲兼畜人，小国不过欲入事人，两者各得其所欲，故大者宜为下。”是讲为何要为下，为下是一种达到目的的策略。“或”，有的。“兼畜人”，兼并小国，收小国为附属国，春秋时大国外交都是以收小国为附属国为目的。“入事人”，小国以依附于大国为目的，所以小国取大国，是取得大国军事上的帮助，小国依附大国就是要寻找靠山。“大者宜为下”是此章所论的主旨所在，在春秋之际大国常以武力而灭小国，小国为求生存，在某大国向其加以武力侵凌时，往往以归附于另一大国谋取另一大国的军事援助，因此战争频仍。所以老子认为：大国以宽容的精神去对待小国就能收服小国，从而也避免了战争。“宜”，适宜。

五十四章

题解

老子认为高官厚禄，“不如坐进此道”，因为道可以使人免除灾祸。三十七章的“名与身孰亲，身与货孰多”，也是这个意思。

正文

道者万物之奥，善人之宝，不善人之所保。美言可以市，尊行可以加人。人之不善，何弃之有？故立天子置三公。虽有拱璧以先驷马，不如坐进此道。古之所以贵此道者何？不曰求以得，有罪以免邪！故为天下贵。

译文

道是产生万物的仓库，是好人的法宝，是坏人得以保全平安的护身符。用美好的语言与人交往的人可以换来别人的尊敬，用高尚的行为为人处事的人可以得到子孙繁盛。那么对品质不好的人，用什么办法抛弃他们呢？因此（道）才在天下设立了管理百姓的天子和三公。（世间什么东西是最宝贵的呢？道是最宝贵的），即使享有前面有人拱璧导引，后面有自己乘坐四匹马所拉的车（这样的富贵荣华），也不如静默地坐在那里去体悟这个道。古时候之所以把这个道看得非常珍贵，（是因为古人对参悟道）不说是为了得到对道的理念的更深入的认识，而是说为了求得避免犯过错，因此道才成为天下间最为人们所珍贵的事物。

评点

此章老子主要阐述道的宝贵和修道所应坚守的正确目的。讲道的宝贵，老子重提道的属性和功用性：道是产生天地万物的本原，是贮藏万物的仓库，只要这个仓库的门一打开，万物就会源源不断地涌现出来；道是世界物质中未被感知的存在，对万物一体同仁，它评价万物不把万物的过去行为作为评价标准，而是把现行和将来的行为作为评价标准；因此，无论是好人还是坏人，当他体悟了道掌握了道的理念神髓之后，道对于好人和坏人都是极其珍贵的宝物，同样在保全人的平安上发挥作用。讲修道所应坚守的正确目的：老子告诉人们，修道不是为修道而修道，修道修至对道的理念有了极深的认识也没有实现修道的目的，修道的正确目的应该是以道的理念指导人的社会行为，不做违道之事，也就是不犯错误。老子的这一思想与和他同时代的儒家所提出来的“错而能改，善莫大焉”具有异曲同工之妙，显然是为了感召更多的人向道。如果错而改而道却不予以原谅的话，而向道者就只能是品德高尚者才行，而品德低下者就没有可能向道了，这是

不利于道的理念的推行的。无独有偶，几乎与老子、孔子生于同时的佛祖释迦牟尼也提出了“放下屠刀，立地成佛”的主张，充分说明了东方文化的相通性。

“道者万物之奥，善人之宝，不善人之所保”是讲道的宝贵性。“奥”，室内的西南角，《释名·释宫室》：“室中西南隅曰奥，不见户明，所在秘奥也。”可见“奥”实是指隐秘的藏物之处，犹如指仓库也。“之所保”，依之所保也，是指坏人也可以在体悟了道之后，依道行事同样可以保全平安，即“放下屠刀，立地成佛”之意。

“美言可以市，尊行可以加人。人之不善何弃之有？故立天子，置三公”是讲道的平等待人，也不是毫无原则地对待，也有奖有惩。道对人的奖惩体现在道为人类设立了天子和三公上，天子和三公代表道去管理天下的百姓，去惩恶扬善。老子的这一思想又与儒家有了合流，儒家认为帝王是天之子，是代天管民，老子则认为帝王与官员是道之所设，是代道管民。市，《说文》：“买卖所之也。”即今之所说之市场之意，此处指买卖之行为，亦即交换之意。“加人”，增加人口，指子孙繁盛。“三公”，古时地位仅次于帝王的三位官员称三公。周代多指司徒、司马、司空而言。对此段之理解古今注家人言人殊，有人认为“立天子，置三公”是说人有美言尊行可至为天子、三公。有人认为“人之不善，何弃之有”，是说不善之人，也没有理由去抛弃他们。我认为此种解说都曲解了老子的原意，这里老子是明明确确地讲美言和尊行都能得到奖赏，那么对恶行怎么惩罚呢，即以天子和三公实现惩罚，至于“加人”和“立天子，置三公”都有唯心主义色彩在内，我们也是不必为老子讳的。

“虽有拱璧以先驷马，不如坐进此道。古之所贵此道者何？不曰求以得，有罪以免邪！故为天下贵”是再次重提道之宝贵，并明确指出修道要有正确的修道目的。为了让人能了解道之宝贵程度，老子以帝王之尊的仪象来与得道相比，说即使得到了帝王之尊的地位，也不如静坐悟道。为了说明修道的正确目的，老子以古人对道的珍贵是珍贵其哪一方面，来说明修道的正确目的是什么。“拱璧”，两手捧着璧玉。“驷马”，四匹马拉的车。前有人拱璧导引，后为自乘四匹马拉的车，是春秋之际帝王出行的仪仗。“坐进”，静坐以领悟。“求以得”，求取得到，这里指求取得到对道的理念的深层认识。“有罪以免”，指悟道后按道行事可以免除以往的罪过。

五十五章

题解

这一章专论谨小慎微防患于未然的问题。老子意在告诫君主从细小的问题入手化解矛盾，以保持权势。但由于老子是从普遍的角度命题的，所以，人人都可以从这一章受到教益，以至许多话流传为格言警句。

看到小事，就预见到会演变为大事；看到少数，就预见到会发展为多数。在矛盾还比较容易解决的时候就去化解。这些观点极为可贵。

“报怨以德”，其实就是“为无为，事无事”的具体做法，旨在避免矛盾激化。

“轻诺必寡信，多易必多难”，直到今天还不失其普遍意义。

正文

为无为，事无事。味无味。大小多少，报怨以德。图难于其易，为大于其细。天下难事必作于易，天下大事必作于细。是以圣人终不为大，故能成其大。夫轻诺必寡信，多易必多难。是以圣人犹难之，故终无难。其安易持，其未兆易谋，其脆易泮，其微易散。为之于未有，治之于未乱。合抱之木生于毫末，九成之台起于累土，千里之行始于足下。为者败之，执者失之，是以圣人无为故无败，无执故无失。民之从事常于几成而失之，慎终如始则无败事。是以圣人欲不欲，不贵难得之货；学不学，复众人之所过。以恃万物之自然，而不敢为。

译文

以无为作为指导行动的宗旨去做当为之事，以无事作为指导行为的宗旨去解决当决之事，以无味作为享用饮食的标准去指导自己的饮食。以把大化小把多化少作为宗旨，以高尚的人格情操去回报对自己的侵害。解决难于解决的问题要抓住它最容易解决的地方下手，成就大的功业要从细小之处点滴做起。天下难于解决的事必定由易于解决之事的基础上发展而来，天下的大事必定由细小之事积淀而成。从这个道理出发圣人始终不急功近利想一下子就能成就大功业，因此反而能成就大功业。(对人)总是轻易做出许诺必定很少能实现信诺，过多的易于解决的问题必定会发展成很多的难于解决的问题，根据这个道理圣人总是把易于解决的问题当做难于解决的问题及时进行处理，因此在圣人那里始终不会出现难于解决的问题。(世间之事)在其处于安定状态之时最易于把握，在其发生变化的兆头还没显现之时最易于筹划制止这种变化的策略，在其最脆弱之时最易于粉碎，在其最微小之时最易于消散。(根据这个道理对世间之事)，想要使之做成功要在没有任何基础之时做起，要想制止它的变化要在它还没有变化之时就采取行动。(世间任何事物都是由小到大，由弱变强的)，二人合抱那么粗的大树是由幼小的树苗长成的，九层高的高台是从地平面上一点一点搭建的，行走的路程达到千里以上是从脚下一步一步走出来的。(因此对世

间任何事都要秉其自然为无为事无事)，以有为行事必然遭到失败，占有的必定要失去。根据这个道理圣人秉其自然无为因此没有失败的事情发生，不做占有之举因此没有失去的烦恼。老百姓做事常在几乎成功时失败，(这是因为他们不懂得无为的道理)，把为无为谨慎地贯彻于所做之事的始终；则没有做不成的事。从这个道理出发圣人以没有欲望作为所要做之事的行事宗旨，不看重珍稀货物；以不学作为借鉴别人的宗旨，跟随在众人之后踩着众人的脚印走。以任凭万物之自然发展作为行动准则，而不敢妄图去改变它们。

评点

此章老子主要阐述他的自然无为的思想的含意。所谓无为是指为无为，因此无为的含意其实是说做任何事都不要掺杂进自身的主观意志在内，不要妄图用自身的主观意志去改变事物的客观属性，而不是什么事也不做。能够不把自身的主观意志强加于行为之中，也就做到了自然。由此，我们可以看出老子所讲的自然无为实在是在讲一种自我修养的思想境界——一种抛弃主观而顺从客观的空灵澄净的思想境界。这种思想的实践解说就是：大事化小，小事化了，多事变少，少事变无，以德报怨的人与自然之间，人与人之间的妥协和调和的世界观。老子的哲学是一种调和的哲学，老子是反对任何形式的对抗与斗争的。但老子也看到世间之事客观上永远无法逃避矛盾与斗争的存在，因此他从把矛盾与斗争从激烈的对抗拉回到相对平和的消弭的愿望出发，去规划他的为无为：图难于易，为大于细，慎终如始，希望矛盾与斗争在其刚刚萌生就予以消除，并通过谨慎小心地从事不产生新的矛盾与斗争。

“为无为，事无事，味无味”，有人解为“以无为为为，以无事为事，以无味为味”，这种解释是没有把老子的自然无为的思想理解为是一种自我思想境界的修养要求，而是作为一种单纯的行动指导思想来看的。按照此种理解，那么老子就是提倡什么事都不必去做了，我想就老子本人来讲也不可能什么事都不做，人之生存就须做事，否则，则无法生存。如真是这样，老子的哲学也就没有意义了。所以我们还是应该把它们理解为：“以无为（不掺杂个人主观意志在内）作为宗旨去为；以无事（不出现矛盾的相互斗争）作为宗旨去行事；以无味（不为口爽）作为宗旨去指导饮食。”这样的理解更为合理些。同样后文之“欲不欲”、“学不学”亦皆如此。

“泮”，有人解为“消散”，“脆而易泮”，从而也成为“因其脆所以易于消散了”。这种理解作为脆物的最终结果是不错的，非但脆物即使是韧而坚之物的最终结果也是要消散的，但作为过程而言，脆之首先经历的当是碎裂而非消散，而且老子下文紧跟着就是“其微易散”，所以我们把其理解为碎裂更好些。魏源解：“泮”，诸本作判。“判”有剖析之意。

五十六章

题解

老百姓聪明些好治理，还是愚昧些好治理？老子认为智多难治，所以提出愚民的主张，而且斥"以智治国"为"国之贼"。

老子反对开发民智的错误观点，直到今天还在某些角落游荡。

正文

古之善为道者，非以明民，将以愚之。民之难治，以其智多，故以智治国国之贼，不以智治国国之福。知此两者亦楷式。常知楷式，是谓玄德。玄德深矣远矣，与物反矣，乃至于大顺。

译文

古时的善于以道之理念行事的人，不是去做使民众聪明的事，而是去做使民众无知的事。民众之所以难于治理，是因为他们的巧智诡诈的智谋太多，因此用巧智诡诈治国是国家的灾祸，不用巧智诡诈治国是国家的福分。上述所说的两种治国方略也是治国者所应参照的楷式。经常把这两种楷式记在心里，这就是所说的具有了合于道的理念的德。合于道的理念的德是深不可测广不可言的，它的终极目标是同万物一起返璞归真，乃至于大顺。

评点

此章老子重提治国以愚民的治国方略，此章所论与三章之“圣人之治。虚其心，实其腹，弱其志，强其骨，常使无知无欲，使夫智者不敢为也”是同一意思。“明民”，使民明，明是聪明之意。“愚之”，使之愚，即使民无知无欲之意。“贼”，原义为盗贼，此处指灾祸。“大顺”，指没有社会矛盾，人民群众都顺其自然无争无斗的社会局面。

五十七章

题解

老子以江海容百谷，喻君主与臣民的关系，主张统治者要谦下，先考虑民众，把自己放在后面，使“天下乐推而不厌”，不要成为民众的累赘。

正文

江海所以能为百谷王者，以其善下之，故能为百谷王。是以欲上民，必以言下之；欲先民，必以身后之。是以圣人处上而民不重，处前而民不害，是以天下乐推而不厌。以其不争，故天下莫能与之争。天下皆谓我道大似不肖。夫帷大，故似不肖。若肖，久矣其细也夫？

译文

江海之所以能够成为百谷之王，是因为江海善于处在百谷的下游，因此能够成为百谷之王。根据这个道理要想成为处于民众之上的统治者，就一定要用政令体贴百姓使其乐于归附；要想成为处于百姓之前的官员，就一定要在利益面前把自己摆在百姓之后。(圣人懂得这个道理)，因此圣人若作为处于百姓之上的统治者则民众不感到有重压，若作为处于百姓之前的官员则民众不感到有害，由于圣人能做到以上两点，因此民众乐于推举他们担任百姓的首领而不讨厌他们。(这是为什么呢)？这是因为他们以其不与民争利作为基础，因此天下的其他人没有办法能够与他们去争夺在百姓中的地位。天下之人都说我所讲的道过于笼统概括似是而非，只因为它笼统概括，所以才似是而非。假如(我所讲的道与现实与客观存在)一一对号入座，那么在很久的将来还能有这么强的针对性吗?

评点

此章老子以江海可容百谷之水，所以江海可为百谷之王为喻着重讲统治者的为政之道，并申诉他的道的理念之所以“大似不肖”的理由。讲统治者的为政之道核心是讲爱民和不与民争利；讲他的道的之所以“大似不肖”，核心是强调只有“大似不肖”才有其长久的生命力，随着时间的推移过于对号入座针对性特强的理论，在客观存在的发展变化后就没有它的现实意义了。老子对其道的理念特点的申诉，对于我们理解《老子》是有用处的，据此我们在理解老子之时，就不会陷入一定要把老子的每一句话都与老子当时和老子以前的历史相联系。我们可以从中认识到：老子的哲学就其本人的意愿，他不想让其成为某一特定历史阶段的产物。老子的道的理念以其空泛性有其超越时空的方面，而这些超越时空的方面，则正是我们需要研究认识的难点。

“江海所以能为百谷王者，以其善下之，故能为百谷王。是以欲上民，必以言下之；欲先民，必以身后之”是以江海之特性以喻为政之理。这是老子《道德经》所惯用的以自然之理而推及人事之理的手法。“下之”，以其下而纳之。百谷之水之所以都归入江海，是因江海所处的地理位置比百谷为低，所以百谷之水才能流入江海，江海才得以吸纳百谷。“上民”，处于民之上，指民众的统治者，具体说是指帝王或诸侯王，为什么可以确定是指帝王或诸侯王呢?因其下文有“以言下之”。“以言下之”，并非指用好听的言词去笼络人心，因为老子是反对巧言令色的；“以言下之”，实是指统治者以其政令的爱民而吸纳民众

的归附，古时没有长久有效的法令可作国政之规范，天子金口玉言说啥是啥，因此老子说："以言下之。"由于能够以言为令的只有天子诸侯，而官员是没有这个权力的，因此"上民"，系指君王和诸侯当是无疑的了。"先民"，处于民之先，指直接管理民众的官员，在老子看来民之上是天子诸侯，官员是执行天子诸侯之言的民众管理者，都是"上民"的臣属，而管理者是民众的领头人所以在民之先。"身后"，置身于后，是指在利益面前把自己置于民众之后。

"是以圣人处上而民不重，处前而民不害。是以天下乐推而不厌，以其不争，故天下莫能与之争"是讲民众之感受是检验为君、为官者好坏的标准；民众的感受也是能否保住君位、官位的先决条件；道之理念是指导为君、为官的唯一正确的理论。"圣人"，指道德高尚的人，深通道之理念的人。"民不重"，民众不感到有压力的沉重。"不害"，民众不感到受到损害。

"天下皆谓我道大似不肖，夫惟大，故似不肖，若肖，久矣其细也夫?"是申诉道的理念之所以显得笼统概括的缘由。"大"，与细相对，细指具体而微，大则是指笼统和概括。"似不肖"，像又不像，即似是而非，是指道的理念而言。"久矣其细也夫?"是一个疑问句，老子的意思是说如果我这个道的理念在现在就具有具体而微的针对性，到将来还能够具有这种具体而微的针对性吗?

此章与五十三章可谓是姊妹篇，五十三章"大国下流"是讲外交之道，此章则是讲内政之道。

五十八章

题解

老子把慈、俭、不敢为天下先作为三宝，可见是至关重要的三种德性。

慈是什么意思？老子没有进一步阐述，只说“慈故能勇”，“夫慈以战则胜，以守则固”，可知是很得人心的，大约是慈爱关怀的意思。

老子反对仁，而倡导慈，可见仁与慈不同。慈是一种居高临下的关怀，含有母性的谦退柔和，而仁不含这些意思。

不敢为天下先，是阻碍社会进步的。

不武、不怒、不与，都是不与人争的意思。

老子不是兵法家，但他却多次论及军事。二十六章的“不以兵强天下”，二十六章的“兵者不祥之器”，“战胜以丧礼处之”，五十章的“以奇用兵”，本章的“夫慈以战则胜，以守则固”，发表了许多精辟的见解。

老子的军事思想可能是从历代战史总结出来的，也可能是当时已有兵法家论述过用兵之道。“善胜敌者不与”，与《孙子兵法》“不战而屈人之兵，善之善者也”就有几分相似；“慈以战则胜，以守则固”，与《孙子兵法》“上下同欲者胜”也有几分相通 。

老子总是把兵法家符合“不争”的观点加以发挥，而很少谈论其他。

不敢为主而为客，不敢进寸而退尺，这本来是兵家谋略，讲的是攻击与防御，前进与后退的关系，本来离不开敌我力量对比以及天时地利诸因素。像老子这样指挥打仗，不知道能胜还是不能胜。

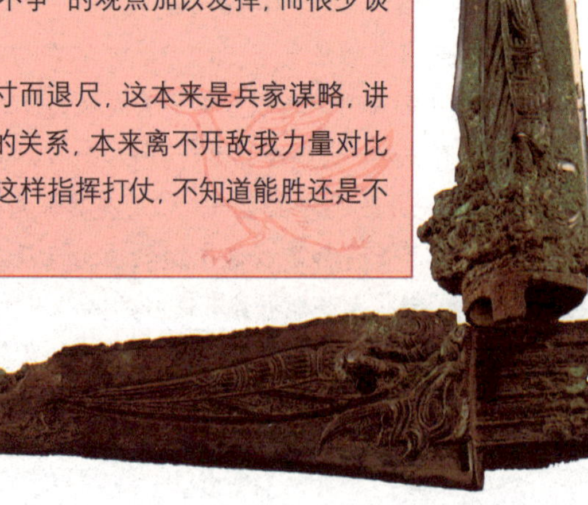

正文

吾有三宝，持而宝之：一曰慈，二曰俭，三曰不敢为天下先。慈故能勇，俭故能广，不敢为天下先故能成器长。今舍其慈且勇，舍其俭且广，舍其后且先。死矣!夫慈以战则胜，以守则固，天将救之，以慈卫之。善为士者不武，善战者不怒，善胜敌者不与，善用人者为之下。是谓不争之德，是谓用人之力，是谓配天古之极。用兵有言：吾不敢为主而为客，不敢进寸而退尺，是谓行无行，攘无臂，执无敌，扔无兵。祸莫大于无敌，无敌几亡吾宝。故抗兵相加，哀者胜矣!

译文

我有三件法宝，我十分珍视地掌握在手里：第一件叫做慈，第二件叫做俭，第三件叫做不敢为天下先。由于仁慈所以一定能勇敢，由于节俭所以一定能富有，由于不敢为天下先所以一定能成为掌管国家的领导者。现今的社会(舍本取末)，舍弃仁慈只求暂且的勇武，舍弃节俭只求暂且的富有，舍弃后民得利只求暂且的先于民而得利。(这个时代)快要结束了!以仁慈为宗旨作战则能取胜，去防守则能稳固，(为什么呢?到了危险之时)老天会来救助，老天会以慈报慈卫护仁慈的人。善于做官的人不强横霸道，善于作战的人不发怒，善于战胜敌人的人不把自己的战士推向敌人一边，善于用人的人能吸纳团结人。这就是所说的不与别人相争的品德，这就是所说的具有会用人的本领，这就是所说的与天道古法相吻合的极至境界。对于用兵有这样的说法：我不敢主动发动进攻而宁可以静制动，不敢向敌阵推进一寸而宁可退守一尺，这就是所说的以无行为宗旨的行。上举没有胳臂，手握没有兵器，击打没有敌人。在所有的灾祸之中没有比没有敌人更大的了，没有敌人使我几乎丢失了我的法宝。因此两兵相对抗，哀者胜。

评点

此章老子仍然讲的是为政之道。五十三章老子讲的是为政的外交之道，五十七章老子讲的是为政的内治之道，此章老子则综合外交、内政而讲为政的普遍之道。在单独论述外交和内政的为政之道时，老子只强调了“为下”，此章老子进而在“为下”的基础上，提出慈、俭、不敢为天下先三条原则。并据此而提出“祸莫大于无敌”的论点。老子认为：慈能得天助，俭能得人助，不敢为天下先则能得道之助。有敌能宝于宝，无敌则易失于宝。失宝的后果如何，在此章之首老子就断然下结论说：“死矣！”

“吾有三宝，持而宝之：一曰慈，二曰俭，三曰不敢为天下先。慈故能勇，俭固能广，不敢为天下先故能成器长。今舍其慈且勇，舍其俭且广，舍其后且先。死矣！”是讲慈、俭、不敢为天下先在为政中的作用，并抨击春秋之际的统治者的为政之道。“宝之”，是指老子自己特别珍视慈、俭、不敢为天下先这三条为政做人的原则。“器长”，国家的领导者，器，先秦诸子常以器喻国。“且”，可理解为暂且，也可理解为而且，王弼认为“且”是“取意”，应该说也能说得通，这样“舍其慈且勇”则成了“舍慈取勇”之意了。“今”，指老子当时的春秋之际。

“夫慈以战则胜，以守则固，天将救之，以慈卫之”是讲慈得天助。“以战则胜”，用于作战则能取胜。“以守则固”，用于防守则稳固，把慈用于作战和防守即以慈为宗旨去作战和防守之意。“以慈卫之”是说以慈为宗旨所进行的战争和防御，天也以慈进行回报帮助和卫护仁慈者。

“善为士者不武，善战者不怒，善胜敌者不与，善用人者为之下。是谓不争之德，是谓用人之力，是谓配天古之极”是讲俭得人助。“为士”，做官，春秋之际“士”多指诸侯的家臣，即帮助诸侯管理邦国的官员。“不武”不做与文明相对的事，即不表现出

强横霸道的品格，“不武”，是人之强、刚方面的俭。“不怒”，不发怒，是人之气量方面的俭。“不与”，不给予，战争中所能给予敌人以资敌的莫过于兵源，只有不善待士兵者才能激起兵变以至内部反戈相向，“不与”，是人之在资财方面的俭。“为之下”，是指以屈己待人的作风而吸纳和笼络人，是在用人方面的俭。从以上对俭之分析，可以看出老子所说的“俭”，并非只指对资财的节省而言，“俭”，同时具有收敛之意，这正符合老子的道的理念中的“守柔”之旨意。“配天古之极”，配，吻合；天，自然法则；“古”，上古之圣人的做法；“极”，极至；此句是讲人之能俭所能达到的境界，这个境界可以与自然法则，古圣人的境界的极至相匹配。

“用兵有言：吾不敢为主而为客，不敢进寸而退尺，是谓行无行”是以用兵之理而推及普遍之理，讲不敢为天下先可以得道之助。“用兵有言”，可以理解为兵法上说，即用兵经验的总结。“为主”，作为主动方面。“为客”，作为被动方面。老子以“主”、“客”以喻战争中的侵略者和被侵略者，主即侵略者，主动发动进攻的一方；客即被侵略者，被动应战的一方。“行无行”，犹如“为无为”，是老子的道的理念的核心内容之一。行无行就是遵道了，因此也能得道之助。

“攘无臂，执无兵，扔无敌。祸莫大于无敌，无敌几亡吾宝。故抗兵相加，哀者胜矣！”是从事物的对立依存的矛盾运动规律讲慈、俭和不敢为天下先之所以得以为宝的道理：老子显然是认为慈、俭、不敢为天下先是人类对抗的产物，在人类的对抗之中，敌人作为外部的监督机制迫使统治者必须以慈、俭、不敢为天下先为宝，因为道的理念是“静胜躁，柔胜强”，实行慈、俭、不敢为天下先即是静是柔是哀，所以哀兵必胜。举须有臂无臂何举？执须有兵无兵何执？扔须有敌无敌何扔？因此祸莫大于无敌，无敌宝为何用？

五十九章

题解

大概老子曾拿自己的观点向天下（当然是东周王室大臣以及诸侯）推销，但都受到冷落，所以只好“被褐怀玉”了。

老子喜欢讲无知，认为无知才能无欲无为。可是本章却说“知不知上，不知知病”。可见还是主张有知而以为无知才算高明。这也许是谦虚，也许是伪装。

正文

吾言甚易知甚易行，天下莫能知莫能行。言有宗，事有君。夫惟无知，是以不我知也，知我者希，则我者贵。是以圣人被褐怀玉，知不知上，不知知病。夫惟病病，是以不病，圣人之病病也，以其病病，是以无病。

译文

我讲的道的理念极易明白，也极易按其要求去做，但天下人却没有人能明白没有人能去做。(常言说得好)：说话要有根据，侍奉人要有被侍奉的主人。(有因才能有果)，只因为没有人能明白我的道的理念所以也就不知道有我这个人，(即使)知道有我这个人但听到我的名字也会如没听到一样毫不在意，(至于)以我为榜样学习我的人就更加稀少了。根据上述道理所以圣人才身披褐裘怀揣碧玉，常人都知道属于其上的统治者是谁而他却不知道，常人都不知道自己有什么过错而他却知道自己的过错之所在。只因为害怕自己有过错，也由此不犯过错，圣人是最怕自己犯过错的，也因为他最怕犯过错，因此不犯过错。

评点

此章老子所论主旨在于让人明白这样的道理：世间最易明白的道理，人们往往不去认真研究它，反而成了最不理解的东西；世间最容易做的事，人们往往不屑去做，反而成为没人开垦的荒芜之地。而世间之事却往往是那些最容易被理解的道理才是真正的真理，最容易做的事才是最需要做好的事。人最容易了解的莫过于自己的自身了，但人们对自身的缺点和错误却视而不见；最难了解的莫过于高居于人民之上的统治者了，但人们却对其津津乐道。这是什么原因呢?这是因为人们的利己排他、欺下媚上的劣根性作怪。这种劣根性产生的根源就是人由质朴而变为奸狡，从而不愿守柔不愿处下。于是老子又以圣人之作为教导人们要以圣人的作为而作为：圣人重视其内心的思想修为，不看重外表的修饰，以质朴为其本质；常人媚上，圣人对上不屑不顾，常人不承认自己有缺点错误，而圣人最看重自己的缺点错误，最害怕自己犯有过错，因此圣人不犯过错，也因此圣人才成其为圣人。“宗”，《说文》：“尊祖庙也。”其原义是祭祀祖宗的家祠，引申为根源之意。“事”，侍奉。“希”，听之不闻名曰希，是听到犹如没听到之意。“贵”，难得曰贵，是稀少之意。“被褐怀玉”，身披褐裘怀揣碧玉，褐，一种粗劣的麻布，此句是喻不重视外表的修饰只重视内心思想的修为之意。“知不知上”，应该知道的却不知道居于上的统治者，这里所说的应该知道的是指常人认为应该知道的，而并非指圣人应该知道的，圣人与常人正好相反。“不知知病”，不应知道的却知道自身的过错，这里的不知也是指常人所不知，而圣人正相反，“病”，原义为疾病，此处指过错，过错乃行为之病，因此以“病”代之。“病病”，前一病为动词之病，是疾恶之意，病病是害怕犯过错之意。对“知不知上，不知知病”两句，有人断句为：“知不知，上；不知知，病。”从而说老子这两句话的意思是“以知为不知，是高明的知；以不知为知，是错误的知”，这样理解在字面上是说得通的，但与上下文难以通解。

六十章

题解

这一章歧解颇多。

“民不畏威，大威至矣”。高亨训“至”为“止”，即不能通行之义。“大威至”，是说君主的权威窒塞了。

“无狭（狎）其所居”，众说纷纭。奚侗解作“治天下者无狭迫人民之居处”，就是不要侵占民众的土地房屋的意思。

综观本章全文，老子结语为“圣人自知不自见，自爱不自贵”，所以“无狭（狎）其所居”应是“不自见”，“不自贵”之义，即不要炫耀宅第的豪华。狭字作狎为是。狎，含有违反礼制超过标准的意思。晏婴曾拒绝豪华宅第，他对齐景公大兴土木修建宫室台榭提出规谏：“今君侈为宫室，夺人之居；广为台榭，残人之墓。”（《晏子春秋·内篇谏下》）。

正文

民不畏威，大威至矣！无狭其所居，无厌其所生。夫惟不厌，是以不厌。是以圣人自知不自见，自爱不自贵，故去彼取此。

译文

当民众不怕威胁的时候，（对于统治者来说）民众对其统治的极大的威胁也就到来了。（作为统治者对待民众）不要使民众的居住之所十分狭小，不要讨厌民众生存在这个人世间。只有统治者不讨厌民众，由此才能换来民众不讨厌统治者。从这个道理出发因此圣人能把自己与民众的关系摆在正确的位置上不搞自我突出那一套，能自己珍视自己的统治地位而不妄自尊大，因此为政要去除以威逼治民的思想而取爱民之方略。

评点

此章老子主要论述统治者和人民群众之间的关系和统治者应该怎样对待自己和民众。老子看到了民众的力量，认为对待民众不能采取以威相加以治的方略，而应该采取爱民的方略。要做到爱民就要敬民，不能妄自尊大随意奴役臣民。老子的这一思想与同老子同一时代的儒家所提出来的“以民为本”的思想极为相似，对后世的影响也很大。唐太宗所提出来的“水可载舟，亦可覆舟”的为政思想，其源当在老子的“民不畏威，大威至矣”和儒家的“以民为本”的思想。“狭其所居”，使其居处狭；狭，狭小也，居住的处所宽敞或狭小是检验民众生活是贫穷还是富裕的一条重要标准。“无狭其所居”，是以不使民众居住之所狭小以代指不能让民众贫穷，换句话说就是不能对老百姓搜刮太狠。有人认为“狭”是“狎”的借字，此句系指不骚扰民众，我认为其意差不大，不必硬猜度老子的原意。“厌其所生”，厌恶民众之生，春秋之际是中国封建制的开始阶段，除尚有少数家奴存在外，民众皆为自由民，为了生存，民众垦荒造田，开始拥有自己的土地。在以土地兼并作为目的的贵族来讲，民众所占有的土地一直是他们为之垂涎欲以夺取的目标。所以贵族及其统治者恨不得民众死去，好把民众的土地据为己有，所以老子才警告说“无厌其所生”。有人说“厌”乃“压”的借字，把“无厌其所生”解为不要压制民众的生存。但这样解与后文的“夫惟不厌，是以不厌”就难于做出通解了。按“厌”为“压”，“夫惟不厌，是以不厌”就成了“只有不压制群众，群众才不压制统治者”。压是上对下而言，下对上却不能用压。因此还是把“厌”理解为“讨厌”、“厌恶”更为恰当。“自知不自见”，“见”是“现”之本字；“自知”，是对自我的正确认识；“自见”，是自我表现；此句可解为“对自我有正确认识不做自我表现”；为了文字上的通俗易解，在译文中我把此句译为“能把自己与民众的关系摆在正确的位置上，不搞自我突出那一套”，意思是一致的。“自爱不自贵”，自己爱惜自己但不妄自尊大，同样为了通俗易解，我在译文中亦把此句译为“能够自己珍视自己的统治地位而不妄自尊大”，这是我从上下文的关系中理解出来的，统治者的自爱最最重要的是自爱其统治地位，所以我在自爱之后加上了“统治地位”，但愿没有搞错。

六十一章

题解

老子主张不敢。三章的“使夫智者不敢为”，五十八章的“不敢为天下先”，在这里都得到了解释：勇于敢则杀，勇于不敢则活。

老子还是赞成死刑的，只是用于“为奇者”，即试图改变现状的人。

正文

勇于敢则杀，勇于不敢则活，此两者或利或害。天之所恶，孰知其故？是以圣人犹难之。天之道不争而善胜，不言而善应，不召而自来，繟然而善谋，天网恢恢疏而不失。民不畏死，奈何以死惧之？若使民常畏死，而为奇者。吾得执而杀之，孰敢？常有司杀者杀。而代司杀者杀，是代大匠斫。夫代大匠斫者，希不伤其手矣！

译文

勇于以刚强行事者则死，勇于不做刚烈之事者则活。这两者一为有利一为有害。(这是什么缘故呢?)老天厌恶刚烈的行为，谁知是什么缘故?由于上述原因圣人还不敢做刚烈之事。天道的属性是不参与争斗而善于在不争斗中获胜，不说话而善于对人们的行为做出回应，不用召唤它自己就能到来，不必冥思苦索而善于谋划(人之所为都在它的掌握之中)，它撒出的网虽然看不见，网眼很稀但决不漏掉它所要网住的任何事物。民众不怕死，怎么可以用死来恐吓他们呢?如果能让民众如正常情况下那样地害怕死亡，那么就成了怪事了。如果我得到一个人就抓住杀死他，谁敢这么做？杀人这件事按照规定是要由司理杀人的人去杀。而代替司理杀人的人去杀，就如代替大工匠斫木材一样。代替大工匠去斫砍木材，很少有不伤手的。

评点

此章老子论述了三个方面的问题：一是重论天道守柔，顺道则昌，逆道则亡的道理。二是论述人所处地位不同，其所形成的人格也不同。三是论述人各有职司，不能越俎代庖，越俎代庖就会招来祸患。此三论看似互无统属，但就其内在联系而言又都统一于老子一贯强调的人与自然、人与人之间的关系调整应以自然无为为其宗旨之中。天道守柔，厌恶刚烈，而民不畏死，硬让其畏死，就不是守柔而是刚烈；杀人有专职杀人者，硬要越俎代庖不是守柔亦是刚烈。因此，没有人敢随便杀人。此章有人分为两章，即从“民不畏死”开始另成一章。而魏源之《老子本义》将其合为一章，我看是颇为有道理的。细研此章，我们就会发现：此章联系之紧完全以敢与不敢为其联系之线，所论三个问题都是敢于不敢的问题。

“勇于敢则杀，勇于不敢则治，此两者或利或害。天之所恶，孰知其故？是以圣人犹难之。天之道不争而善胜，不言而善应，不召而自来，繟然而善谋，天网恢恢疏而不失”是重论天道守柔，并通过对道的属性的再申诉，指出顺道则昌，逆道则亡的道理。“敢”，《辞源》：“勇也。”谓无所畏惮也；由《辞源》上注可以看出，敢实为刚烈之意；刚烈与守柔正属相反，所以老子说“则杀”。“不敢”，不刚强，不刚烈则是守柔，所以老子说“则治”。“不言而善应”，是说道虽然不说话，但道是无所不在的，它就在你的身边，它对你的每一言行都能做出或奖或惩的回应。

“不召而自来”，是说道不必去召请当需要它到场时它就到场。有人把这两句解为“不言语而能取得好效果，不用召唤而自动来归”显然是从道的功用上去解说的，按此解释虽然冲淡了老子学说的神秘性，但与下文的“天网恢恢疏而不失”却失去了内在的联系性。我认为老子这一段对道的论述实是再申道的属性：道是无处不在，是可大可小的，它永远在场，所以才能“天网恢恢疏而不失”。“繟然”，宽缓之貌，此处指道不疾不徐从从容容就可以进行有效的谋划。“恢恢”，广大而模糊之貌。“疏”，稀。

“民不畏死，奈何以死惧之。若使民常畏死，而为奇者”是论述人之所处的社会地位不同，其所形成的人格亦不同，任何人都不能妄图改变别人的人格。老子显然看到了在统治者惨烈的压榨之下，老百姓已经到了顺从统治者也是死，反抗统治者也是死的残酷社会现实，预见到老百姓必然会以悍不畏死的精神去反抗统治者，因此他得出结论“民不畏死，奈何以死惧之，若使民常畏死，而为奇者”。“常畏死”，像正常情况下那么怕死；老子之所以用了一个“常”字，是旨在说明春秋之际的社会环境是违背道的社会环境，老百姓本应怕死，但在这种非正常状态下就不怕死了。“而为奇者”，是说那简直就是怪事了，也是说在春秋之际的不正常的社会环境下，老百姓若是怕死就是怪事了。

“吾得执而杀之，孰敢?常有司杀者杀，而代司杀者杀，是代大匠斫。夫代大匠斫者，希不伤其手矣!”是论述人各有职司，不能越俎代庖，越俎代庖就要受到惩罚。有人把“得执而杀之，孰敢”归入“民不畏死”一段，认为是说没有敢把老百姓随意杀害，理由是老百姓悍不畏死，所以没人敢于杀害。此解与历史事实不相符，春秋之际统治者视百姓如草芥，统治者随意杀百姓屡见不解，当然其杀百姓不必自己动手，而是堂而皇之的以司杀者杀之。老子此句不在于论对百姓敢不敢杀而在于论人各有职司，因此应归于后段，作为后段的首句也使后段有了所论之起因。“司杀者”，司理杀人之人。“大匠”，指匠人，从“斫”可推断系指木工而言。

六十二章

题解

社会诸多弊病的根源在于上边，这是老子的结论。上边横征暴敛，老百姓就食不果腹。赋税收上来，是为了满足统治者穷奢极欲的生活需要，实现扩张领地的野心，逼得老百姓"轻死"，铤而走险，就是前一章说的"民不畏死"。

老子善于运用对比手法揭露矛盾，"民之轻死，以其上求生之厚"。这对后世许多文学家产生了巨大影响。

老子认为"民之难治"，是由于"上之有为"。这个"有为"，大概也包括某些旨在促进生产发展的改革措施。

正文

民之饥，以其上食税之多，是以饥。民之难治，以其上之有为，是以难治。民之轻死，以其生生之厚也，是以轻死。夫惟无以生为者，是贤于贵生焉。

译文

民众之所以贫穷饥饿，是因为统治他们的人所收的食税太多，所以他们贫穷饥饿。民众之所以难于治理，是因为统治他们的人对他们管制太严，所以难于治理。民众之所以轻易地就勇于赴死，是因为他们求生的欲望太强。只有不以生存为生存，才是贤于过分看重生存。

评点

此章老子承接上章首先论述“民不畏死”的原因，警告统治者不要对民众剥削太狠，压榨太重，为政要无为而治。然后提出：人之为人不要以生存为生存，要把自己融于道。应该说老子对“民不畏死”之原因的论述，是看清了当时社会的本质所在的，其对社会客观现象的分析是客观唯物的。但是其要求民众不以生存作为终极目的，要求民众顺遂自然逆来顺受的教言却是消极的，不足取的。“民之饥”，民众的饥饿与贫穷。在老子时代，社会的物质财富很有限，吃饱饭是民众的最为重要的生活目标，“民以食为天”就反映了当时之社会的物质生产的有限性，所以老子以“民之饥”去总括人民的贫穷状态。“食税”，在春秋时代，贵族、卿、士大夫的俸禄都是以诸侯划定食邑范围的形式支付，贵族、卿、士大夫在其被划定的地域内向民众收取食税。“有为”，相对无为而提出的概念，无为是顺于自然，有为则是以威权而改变客观现状，是一种管制行为，因此我们译为“管制”。“以生为”，以生存作为目标而为。“贵生”，以生为贵。老子认为：人的终极追求目标不应该只以生存作为目的，而应有更高的目标，按照老子的一贯思想，那个最终的目标显然就是融于道。人不应以生存作为最高追求，而应有更高的追求是对的，而这个追求仅仅是顺遂自然逆来顺受就不对了。

六十三章

题解

商容（老子之师）曾以舌存齿亡的道理开导老子。老子又举一反三地用人和万物草木的形质变化，说明柔弱是生机活力的表现，而坚强则意味着死亡。这种取象比类虽然有点跛脚，但它的结论是发人深思的。

“兵强则不胜，木强则共”，不同本子有不同说法。《淮南子·原道篇》引作“兵强则灭，木强则折”。与《荀子·劝学篇》“强自取柱（通祝，折断），柔自取束”含义相近。

正文

人之生也柔弱，其死也坚强。草木之生也柔弱，其死也枯槁。故坚强者死之徒，柔弱者生之徒。是以兵强则不胜，木强则兵。强大处下，柔弱处上。

译文

人活着时躯体是柔软的，人死了后躯体就僵硬了。草木活着时枝干是柔软的，草木死了后枝干就枯槁了。（强硬是死亡的象征），因此强硬的人是走上了死路，柔弱的人是走上了生路。根据这个道理仗恃军队的强大而发动战争则不可能取胜，树木质地坚固则被砍伐而作为兵器。强大违背道的守柔属性是属于下等的德性修为，柔弱顺应了道的属性是属于上等的德性修为。

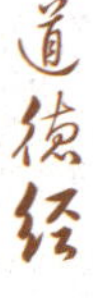

评点

此章老子所论述的是人的德性修为问题。老子采用其惯于采用的以自然之理推及人事之理的论证方法，先以人与植物生时的躯体状态和死后的躯体状态作为比喻，说明强硬是违反自然法则的是死路，柔弱是顺应自然法则的是生路。这种类比似乎太过牵强附会了，缺少内在之联系。但老子此论的重点并不在此，而是再一次强调人之德性之修为：守柔是上乘的修为，强悍是下乘的修为。这也是老子的道柔弱胜刚强的一贯的理念。此章紧承上章，上章的最后两句是劝导人们逆来顺受，此论则把逆来顺受作为上等的德性修为境界。“枯槁”，干而坚硬，老子以枯槁而喻坚强。“徒”，行走，此处通“途”；老子以途以喻所必然须走之路。“兵强则不胜”，有人解为兵器太坚硬了则容易断折，把兵作兵器解，此虽合“兵”之原本之义，但有难通之处，前面老子已经以类比讲述出了坚强违道，柔弱顺道，此处似不必再论，引入对人事的联系应该是自然的，所以把兵作为军事力量来解似乎更为恰切。“木强则兵”，有人解为树木长高了就要被砍伐了，是以“木强则兵”解作“木强则加以兵”了，但伐木并非以兵器作为工具，而且春秋之际那种钩镰枪式的兵器也不适于伐木，若说木强即被砍伐，老子何不说“木强则斫”呢?所以还是把它理解为“木强则为兵”更为恰当些。“兵者凶器也”，木强则兵，是说其在用途上落下乘之意。“强大处下，柔弱处上”，有人解为强大处于劣势，柔弱则处于优势，显然此解没有把老子此章作为对人之德性修为的论述来考察，只作为一般的泛泛而论来对待。

六十四章

题解

这一章把“天之道”与“人之道”进行了对比。老子所说的“天之道”，是指自然规律而言。老子的道，取法于自然，与“天之道”是一回事。老子所批判的“人之道”，是针对当时各诸侯国奉行的政策。

“高者抑之，下者举之；有余者损之，不足者补之。”高山上的土石被冲刷风化而流到低谷中，天气热到极点就会逐渐变凉。这些自然现象随处可见。老子从中总结出一条自然平衡法则。把自然界的平衡引申到社会，就是平等和平均观念，让高贵与卑贱、富裕与贫困各自向对方靠拢。这是实现社会稳定所要求的。

老子的“为而不恃”，“功成而不处”，以及“不自见”，“不自是”，“不自伐”，“不自矜”，“不欲见贤”，可以说都含有“高者抑之”的意味。

正文

天之道其犹张弓乎？高者抑之，下者举之，有余者损之，不足者补之。天之道损有余而补不足，人之道则不然：损不足以奉有余。孰能以有余奉天下？惟有道者。是以圣人为而不恃，功成而不处，其不欲见贤邪？

译文

大自然的法则难道不是像张弓射箭一样吗？把弓举高了就往下压压，把弓举低了就往上抬抬，把有余的部分削损下去，把不足的部分补足上去。大自然的法则就是损有余以补不足，人的习惯做法则不是这样：损害不足的人以趋奉有余的人。谁能把有余奉献给天下之不足呢？只有道。所以圣人能做到有恩于人而不仗恃求报，为万物立下了大功而不居功，难道我们不想见贤思齐吗？

评点

此章紧承上章，上章老子讲作为人的德性修为：柔弱是上乘的修为，刚强是下乘的修为。此章老子则从道的角度指出：之所以柔弱为上，刚强为下，是因道的法则就是“损有余而补不足”。同时老子又指出：人之道，亦即人的习惯做法是媚上而欺下，与道的法则相反，是拼命地搜刮穷人，而用从穷人那儿搜刮来的财货去向富有者献媚。老子可谓一针见血地揭露了阶级社会在经济利益驱动下的那种见利忘义的扭曲人性。此章老子论述的宗旨是让人们见贤思齐，见贤思齐的本质内容是“为而不恃，功成而不处”。“天之道”，天的法则，亦即是自然之法则，此处之“道”，并非指道之本身，而是道作用于自然而自然所做出的反映。“人之道”，人之行事准则，此处之“道”既非指道之本身，也非指道作用于人的反映，而是人自身所形成的人性之理念。

六十五章

题解

老子又一次赞美水。八章的“上善若水”，只是颂扬水的“不争”；三十六章的“天下之至柔，驰骋天下之至坚”，隐约地颂扬了水的力量。本章讲水以柔弱攻坚强，赋予水某种人格的力量。大约这也是受其师商容舌胜齿的启发吧？

老子所引的“圣人云：能受国之垢，是为社稷主；受国之不祥，是为天下王”，不知是哪位圣人说的，但必有所本。君主在享有绝对权力的同时，承担着完全的责任，这在中国古代是普遍的看法。《论语·尧曰篇》：“朕躬有罪，无以万方；万方有罪，罪在朕躬。”《左传·昭公元年》：“国之大臣，荣其宠禄，任其大节。有灾祸兴，而无改焉，必受其咎。”这些记载说明，君主和大臣要承担“罪”和“咎”，与“受国之垢”，“受国之不祥”，是一个意思。

老子讲此事，还是为了说明柔弱胜刚强的道理。

正文

天下莫柔弱于水，而攻坚强者莫之能先，其无以易之。柔之胜刚，弱之胜强，天下莫不知，莫能行。是以圣人云：能受国之垢，是为社稷主；能受国之不祥，是为天下王。正言若反。

译文

天下没有什么东西比水更柔弱的了，而在能够攻破坚硬的东西中没有比水更加有力量的了，水的攻坚地位没有什么东西可以替换它。对于柔能胜刚，弱能胜强的道理，普天下没有人不明白，但又没有人甘于柔弱。所以圣人说：“能够承受国人对自己的谩骂和羞辱，才能成为社稷之主；能够承受住国家所遭受的天灾人祸，才能成为天下的帝王。”这是至理明言但又好像是反话。

评点

此章老子以水的特殊作用以类比柔能胜刚，弱能胜强的道理，主旨在于论述人之为人要勇于示弱，学会以柔克刚。“天下莫不知，莫能行”是说对柔能胜刚，弱能胜强的道理，天下人都明白，但都不实行。“莫能行”是莫能行之于柔弱。“垢”，污垢，指以肮脏的语言或行为进行谩骂和羞辱；儒家有言“士可杀而不可辱”，正与老子所倡导的相反，但处大事而忍小辱确是人之所以成功的一个重要条件，韩信胯下受辱就是一个例证，能忍辱就是示弱，就是柔。“社稷”，帝王、诸侯所祭祀的土神和谷神，后用以代指国家，此处是国家之意。“不祥”，不吉祥，指天灾人祸；国家出现天灾人祸对国主来说是一种重压，在重压之下如采用刚性政策则必然激起民反，只有采取怀柔之策才能渡过难关，承受得住不祥也是示弱。“正言若反”，正言，至理明言；若反，像是反话。

六十六章

题解

老子认为解决社会矛盾的办法是不让矛盾发生，不让矛盾激化。

"和大怨，必有余怨"的"怨"，是指比较尖锐的社会矛盾，大约是指人们失去利益丢掉面子而产生的仇恨。老子指出，一旦形成了"大怨"，即使调解开了，也还会残留许多小怨。所以这不是最佳选择。

五十五章主张"报怨以德"。"执左契而不责于人"，就是"报怨以德"的注脚。《战国策·齐策》记有冯谖为孟尝君到薛地去讨债，"烧其契，民称万岁"的故事，说明当时许多民众受到高利贷盘剥，还不起债，必产生怨恨。若去催逼，就可能造成冲突。老子的主张与冯谖的"市义"十分接近。五十八章的"三宝"，"一曰慈"，大约就含有"执左契而不责于人"的意思。

正文

和大怨，有余怨。安可以为善?是以圣人执左契而不责于人，故有德司契，无德司彻。天道无亲，常与善人。

译文

(人生在世不可能不与他人结下仇怨)，平和了大的仇怨，还存在小的仇怨。怎么可以自以为每件事都做得很好呢?因此圣人手里拿着借契而不向借贷之人去讨还(为的是以免再结下新的仇怨)。所以有德的人与人交往就如手执借契而不向借贷者讨还那样不看重得失，无德之人则像执行收租的家丁一样分毫不让。道对待人是没有亲疏之分的，永远是帮助善良的人的。

评点

此章老子主旨仍然是论述人如何进行自我的德性修养。他以人与人之间不可能一点仇怨也没有的客观事实来说明每个人都应进行自我德性修养。人生在世与人相处，只要是熟人就难免积怨，一家人还难免有所磨擦呢，更何况是与他人了？若想消解旧怨不结新怨，就得像圣人那样，手里拿着别人欠财物的借据，却不主动去向人讨还，借贷之人什么时候还什么时候算。这是一种不计较个人得失的做法。绝不能像贵族的家丁向贵族食邑内的民众追讨租税那样强讨硬要。老子所推崇的德性修为是如圣人那样的德性修为。老子并认为：天道无私，吃亏就是占便宜。“安可以为善”，是说在与人相处中不可能不积仇怨。“执左契”，古代人与人之间互相借贷，刻木为契，剖分为左右两部分，债权人执左半边，债务人执右半边，执左契是指债权人而言。“不责于人”，不责备于人，此处指逼债。“司契”，对借契所采取的行为。“司彻”，彻，周代的地租之法，以收获的十分之一作为租税，称作彻；司彻，就是收租税时所采用的行为。这里所说的“司契”是指圣人对待债务人所采取的态度；“司彻”是指收租税者对纳租税者所采取的态度，在春秋之际收租税多为家臣或家丁执行。

六十七章

题解

老子描绘了一幅理想社会的图景：没有战争，没有动荡；也没有文化，没有技术，没有交往。这种理想社会只对战乱频仍民不聊生的国度中的人有吸引力。

正文

小国寡民。使有什伯人之器而不用，使民重死而不远徙，虽有舟车无所乘之，虽有甲兵无所陈之。使民复结绳而用之，甘其食，美其服，安其民，乐其俗，邻国相望，鸡犬之音相闻，民至老死不相往来。

译文

(最理想的社会结构)是缩小邦国的疆域使治内的百姓人数很少,(这个小邦国的规模)让它控制在即使仅有可供千人所用的器具也不需要那么多的程度上。(在这个小邦国里),让民众都知道爱惜自己的生命而不为获利而涉险去远方奔波,虽然有车船但却没人去乘坐,虽然有军队但由于没有战事也无须动用。(长此而往)让老百姓回归到结绳以记事的那种纯朴自然的状态,让他们都自认为自己所饮食的是最香甜的食物,自己所穿着的是最华美的衣服。(由此)也使他们安于做百姓的地位,喜欢本邦国的风俗习惯。相邻邦国隔界相望,鸡鸣犬吠之声相闻,而民众之间直到老死也不互相往来。

评点

此章已是《道德经》即将结束的一章,老子觉着应该把写作《道德经》的目的作以交待了。老子讲了一大通他对宇宙自然的认识,讲了一大通他对客观存在的理解,讲了一大通人如何如何应按道的法则去做、去修养自身的德性,其根本点则在于:建构一个小国寡民无欲无争的世外桃源式的社会结构。在这个理想的社会结构里,人们无须为自身的生存而涉险奔波,没有弱肉强食的战争;人们都安于现状自得其乐;邦国之间都采取闭关锁国的策略,和平共处,不相往来。有人在分析老子此一思想的根源时曾指出,这与老子所生活的邦国的文化和此一邦国在春秋之际的地位有关。据持此一说法之人考证:在春秋之际,老子所生活的地方属宋、陈相接之处,此一地方归于楚是老子之后的事。宋、陈为殷商之后裔,殷商之民讲究忍让不争,宋襄公与楚战,建仁义大旗,楚军过河之半不战,过河没列好阵势不战,谓此时若战是不仁义,结果大败于楚,虽败仍认为仁义在我,败也没败。所以老子的思想有宋、陈文化的遗风，再加之宋、陈在当时都属弱国，备受大国欺凌，形成了老子的小国寡民思想。“什伯”，伯，当为佰的借字，什伯，即佰的十倍，千也。古时国之大小强盛常以人口的多少，战车的多寡来衡量，如千乘之国、万乘之尊等。此句实是说老子所认为的小国之规模以千人以下为宜。“重死”与前几章的“轻死”相对，是指爱惜生命而言。“无所乘之”，没有乘之之必要，千人以下的小邦国，相信疆域也不大，邦国内的行动，无须乘以车船。“无所陈之”，没有需要陈兵的场所，以喻邦国之间的边境安定，不需要用军队守卫。

“结绳而用”，不用文字记载须记之事而用给绳子打结去记所须记之事。上古没有文字，凡有所应记之事人们就在绳子上打个结以记之。此处老子以“结绳而用”以喻使民风回归于“结绳而用”之时代的纯朴，并非说废弃文字。以结绳而用，是民之不斤斤计较，无可无不可，用结绳记事本就粗略。“甘其食，美其服”，是说民众做到自我满足。有人说此二句是说给民众饮食香甜之食，穿华美之衣服，愚以为此种解法与老子之尚俭厌奢的一贯思想不符，老子向来强调不追求口爽，不追求目盲(五色使人目盲)，因此还是解为自我满足为好。同样“安其民，乐其俗”亦是自我满足之意。

六十八章

题解

真理是朴实的，无须涂脂抹粉。但老子把信与美、善与辩、知与博对立起来，恐怕就是孔子批评的“质胜文则野”吧？

真善美的统一是不容易做到的。离开真与善，当然美就无所附丽；单纯追求美，也可能损害真与善。但片面强调真与善而排斥美，也会极大地影响作品的流传。老子在自己的书里行文重视押韵，许多语句掷地有声，能说“辩者”都“不善”吗？

“不积”大约就是“损有余而补不足”，“执左契而不责于人”。

正文

信言不美，美言不信；善者不辩，辩者不善；知者不博，博者不知。圣人不积：既以为人，己愈有；既以与人，己愈多。天之道利而不害，圣人之道为而不争。

译文

诚实的语言不好听，好听的语言不诚实；善于把握自然和人事之理的人是不以辩立论的，以辩立论的人没有把握自然和人事之理；有知识的人不自以为什么都通晓，自以为什么都通晓的人没有知识。圣人不积攒财物，既然以为了别人作为为人的准则，别人有了那么自己就有了；以自己所有之财物给予别人，那么自己的财富就更加多了。大自然的法则是有利于人而不害人，圣人的做人准则是为民造福而不与民争利。

评点

此章为老子之《道德经》的结束语。按理老子交待完了他之写作《道德经》的目的之后，按照当今之哲学的时尚用语来说，他表达完了他的终极关怀，整篇《道德经》于“小国寡民”一章已经结束了。但老子作为在当时没有门徒，独行自吟的孤独的哲学家，深知自己的哲学理论难以为世人所接受，因而他以不辩为辩，还要向世人作以表白，说明自己的理论是实实在在的理论，不以哗众取宠为能事。说明自己虽然不在论辩中建立自己的理论体系，但却真正地把握了自然和人事之理，而那些在论辩中建立理论体系的人并非把握了自然和人事之理。说明自己的理论是真正的体悟了宇宙自然之理和人事之理的理论。为对上述的自我表白作以遮掩，他又不得不再以“圣人不积”重复他的理论观点，让人看似他还在论说他的理论。

“信言不美，美言不信；善者不辩，辩者不善；知者不博，博者不知”是老子在向读者表白自己的理论体系。“信言”，诚实的语言。“不美”，不好听，使人不好接受。“善者”，并非指心地善良的人而是指善于立言的人。“不辩”，不以辩立论。“知者”，有知识的人，通晓事理变化本质的人。“不博”，博，《说文》：“大通也。”即什么都通晓之意，不博，即不什么都通晓。当老子时代，百花齐放，百家争鸣，对百家之言，有的人们趋之若鹜，有的则视而不见，在当时老子的理论是被视而不见的理论，因此他以“不美”来形容他自己的理论。百家立言都以弟子向老师请益，弟子问老师答的方式立论，弟子所问海阔天空无所不包，而老师也无所不通无所不晓。老子没有弟子所以他也不以辩立论，老子抱定以自然之理而推及人事之理的宗旨，只从大处着眼而不事事俱涉。所以老子要为自己辩白说“善者不辩，辩者不善；知者不博，博者不知”。

“圣人不积：既以为人，己愈有；既以与人，己愈多。天之道利而不害，圣人之道为而不争”是再论“生而不有，为而不恃，长而不宰”的道理。“不积”，不积攒财物。“为人”，为了别人。“与人”，给予别人。“天之道”，大自然的法则。“圣人之道”，圣人的为人原则。

古代文献
有关老子《道德经》的记载

《战国策·齐策》

颜斶曰：老子曰：虽贵必以贱为本，虽高必以下为基，是以侯王称孤寡不谷。是其贱之本与非？（按当作“非与”）

《战国策·魏策》

老子曰：圣人无积，尽以为人，已愈有；既以与人，已愈多。

《荀子·天论》

慎子有见于后，无见于先；老子有见于绌，无见于信；墨子有见于齐，无见于畸；宋子有见于少，无见于多。

《孔子家语·观周》

孔子观周，遂入太祖后稷之庙。庙堂右阶之前，有金人焉，三缄其口而铭其背，曰：古之慎言人也，戒之哉！无多言，多言多败；无多事，多事多患。安乐必戒，无所行悔。勿谓何伤，其祸将长；勿谓何害，其祸将大；勿谓何残，其祸将然；勿谓不闻，神将伺人。焰焰不灭，炎炎若何；涓涓不壅，终为江河；绵绵不绝，或为网罗；毫末不札，将寻斧柯。诚能慎之，福之根也；口是何伤，祸之门也。强梁者不得其死，好胜者必遇其敌。盗憎主人，民怨其上。君子知天下之不可上也，故下之；知众人之不可先也，故后之。温恭慎德，使人慕之；执雌持下，人莫逾之。人皆趋彼，我独守此；人皆惑之，我独不徙。内藏我智，不示人技。我虽尊高，人弗我害，谁能于此？江海虽左，长于百川，以其卑也。天道无亲，而能下

人。戒之哉！孔子既读斯文也，顾谓弟子曰：小子识之，此言实而中，情而信。

《吕氏春秋·君守》

故曰：不出于户而知天下，不窥于牖而知天道。其出弥远者，其知弥少。

《吕氏春秋·贵公》

荆人有遗弓者，而不肯索，曰：荆人遗之，荆人得之，又何索焉？孔子闻之曰：去其荆而可矣。老聃闻之曰：去其人而可矣。故老聃则至公矣。

《说苑·敬慎篇》

老子曰：得其所利，必虑其所害；乐其所成，必顾其所败。人为善者，天报以福；人为不善者，天报以祸也。故曰：祸兮福所倚，福兮祸所伏也。戒之慎之，君子不务，何以备之？夫上知天，则不失时；下知地，则不失财；日夜慎之，则无灾害。

《说苑·敬慎篇》

常枞有疾，老子往问焉，曰：先生疾甚矣，无遗教可以语诸弟子者乎？常枞曰：子虽不问，吾将语子。过故乡而下车，子知之乎？老子曰：非谓其不忘故邪？常枞曰：过乔木而趋，子知之乎？老子曰：非谓敬老邪？常枞曰：嘻！是已。张其口而示老子曰：吾舌存乎？老子曰：然。吾齿存乎？老子曰：亡矣。常枞曰：子知之乎？老子曰：夫舌之存也，岂非以其柔耶？齿之亡也，岂非以其刚耶？常枞曰：嘻！天下之事已尽矣，无以复语子哉？（常枞，《高士传》作“商容”。《世说》注云：商容，老子师。）

《礼记·曾子问》

曾子问曰：古者师行，必以迁庙主行乎？孔子曰：天子巡守，以迁庙主行，载于齐车，言必有尊也。今也取七庙之主以行，则失之矣。当七庙五庙无虚主。虚主者，唯天子崩，诸侯薨，与去其国，与祫祭于祖，为无主耳。吾闻诸老聃曰：天子崩，国君薨，则祝取群庙之主，而藏诸祖庙，礼也。卒哭成事，而后主各反其庙。君去其国，大宰取群庙之主以从，礼也。祫祭于祖，则祝迎四庙之主。主出庙入庙，必跸。老聃云。

曾子问曰：葬引至于堩，日有食之，则有变乎？且不乎？孔子曰：昔者吾从老聃，助葬于巷党。及堩，日有食之。老聃曰：丘，止柩就道右，止哭以听变。既明，反而后行。曰：礼也。反葬而丘问之，曰：夫柩不可以反者也。日有食之，不知其已之迟数，则岂如行哉？老聃曰：诸侯朝天子，见日而行，逮日而舍奠。大夫使，见日而行，逮日而舍。夫柩不蚤行，不暮宿。见星而行者，唯罪人与奔父母之丧者乎？日有食之，安知其不见星也？且君子行礼，不以人之亲痁患。吾闻诸老聃云。

曾子问曰：下殇土周葬于园，遂舆机而往，塗迩故也。今墓远，则其葬也如之何？孔子曰：吾闻诸老聃曰：昔者史佚有子而死，下殇也，墓远。召公谓之曰：何以不棺敛于宫中？史佚曰：吾敢乎哉？召公言于周公。周公曰：岂不可？史佚行之。下殇用棺，衣棺，自史佚始也。

子夏问曰：三年之丧卒哭，金革之事无辟也者，礼与？初有司与？孔子曰：夏后氏三年之丧，既殡而致事。殷人既葬而致事。《记》曰：君子不夺人之亲，亦不可夺亲也，此之谓乎？子夏曰：金革之事无辟也者，非与？孔子曰：吾闻诸老聃曰：昔者鲁公伯禽，有为为之也。今以三年之丧从其利者，吾弗知也。

《史记·老子列传》

老子者，楚苦县厉乡曲仁里人也。名耳，字聃，姓李氏。周守藏室之史也。

孔子适周，将问礼于老子。老子曰：子所言者，其人与骨皆已朽矣，独其言在耳。且君

子得其时则驾，不得其时则蓬累而行。吾闻之，良贾深藏若虚，君子盛德，容貌若愚。去子之骄气与多欲，态色与淫志，是皆无益于子之身。吾所以告子，若是而已。孔子去，谓弟子曰：鸟，吾知其能飞；鱼，吾知其能游；兽，吾知其能走。走者可以为网，游者可以为纶，飞者可以为矰。至于龙，吾不能知其乘风云而上天。吾今日见老子，其犹龙邪？

老子修道德，其学以自隐无名为务。居周久之，见周之衰，乃遂去。至关，关令尹喜曰：子将隐矣，强为我著书。于是老子乃著书上下篇，言道德之意五千余言而去，莫知其所终。

或曰：老莱子亦楚人也，著书十五篇，言道家之用，与孔子同时云。盖老子百有六十余岁，或言二百余岁，以其修导而养寿也。自孔子死之后百二十九年，而史记周太史儋见秦献公曰：始秦与周合，合五百岁而后离，离七十岁而伯王者出焉。或曰：儋即老子。或曰：非也。世莫知其然否。

老子，隐君子也。老子之子名宗，宗为魏将，封于段干。宗子注，注子宫，宫玄孙假。假仕于汉孝文帝。而假之子解为胶西王卬太傅，因家于齐焉。世之学老子者，则绌儒学，儒学亦绌老子。道不同，不相为谋，岂谓是邪？李耳无为自化，清静自正。

司马迁《史记·太史公自序》

道家使人精神专一，动合无形，赡足万物。其为术也，因阴阳之大顺，采儒、墨之善，撮名、法之要，与时迁移，应物变化，立俗施事，无所不宜。指约而易操，事少而功多。

道家无为，又曰无不为。其实易行，其辞难知。其术以虚无为本，以因循为用。无成势，无常形，故能究万物之情；不为物先，不为物后，故能为万物主。有法无法，因时为业；有变无变，因物与合。故曰：圣人不朽，时变是守。虚者，道之常也；因者，君之纲也。群臣并至，使各自明也。其实中其声者谓之端，实不中其声者谓之窾。窾言不听，奸乃不生，贤不肖自分，白黑乃形。在所欲用耳，何事不成？乃合大道，混混冥冥；光耀天下，复反无名。凡人所生者神也，所托者形也。神大用则竭，形大劳则敝，形离神则死。死者不可复生，离者不可复反，故圣人重之。由是观之，神者生之本也，形者生之具也。不先定其神(形)，而曰：我有以治天下，何由哉？

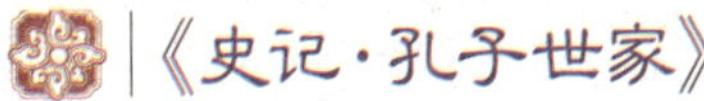

《史记·孔子世家》

鲁南宫敬叔言鲁君曰：请与孔子适周。鲁君与之一乘车、两马、一竖子俱。适周问礼，盖见老子云。辞去，而老子送之曰：吾闻富贵者送人以财，仁人者送人以言。吾不能富贵，窃仁人之号，送子以言，曰：聪明深察而近于死者，好议人者也；博辩广大危其身者，发人之恶者也。为人子者毋以有己，为人臣者毋以有己。孔子自周反于鲁，弟子稍益进焉。

《史记·仲尼弟子列传》

孔子之所严事，于周则老子，于卫蘧伯玉，于齐晏平仲，于楚老莱子，于郑子产，于鲁孟公绰。

班固《汉书·艺文志》

道家者流，盖出于史官，历记成败存亡祸福古今之道，然后知秉要执本，清虚以自守，卑弱以自持。此君人南面之术也，合于尧之克攘，《易》之嗛嗛，一谦而四益。此其所长也。及放者为之，则欲绝去礼学，兼弃仁义，曰独任清虚可以为治。

《太平御览》引《庄子》

老子见孔子徒弟子五人，问曰：前为谁？对曰：子路勇且多力，其次子贡为智，曾子为孝，颜回为仁，子张为武。老子叹曰：吾闻南方有鸟，名为凤。凤之所居也，积石千里，河水出下，凤鸟居止。天为生食，其树名琼，枝高百仞，以璆琳琅玕为实。天又为生离米，一人三头递起，以伺琅玕。凤鸟之文，戴圣婴仁，左智右贤。

孔子读《春秋》，老聃据灶觚而听。

《太平御览》引《墨子》

老子曰：道冲而用之有弗盈。

《韩非子》中
有关老子《道德经》的记载

韩非子（公元前280年—公元前233年），战国时韩国公子，姓韩，名非。与李斯同为荀卿的弟子。李斯忌其才，韩非入狱自杀。著有《韩非子》二十卷，五十五篇。

韩非子的思想属于法家。他对《老子》作过深入的研究，《解老》、《喻老》可以说是我国古代最早的《老子》注解。虽然由于思想体系不同，难免有牵强附会之处，但至少可以从中了解先秦诸子互相影响的一个侧面。《韩非子》中引述的《老子》原文，与通行本不尽相同，历来受到版本考证家的重视。

主道(节录)

道者，万物之始，是非之纪也。是以明君守始以知万物之源，治纪以知善败之端。故虚静以待令。令名自命也，令事自定也。虚则知实之情，静则知动者正。有言者自为名，有事者自为形。形名参同，君乃无事焉，归之其情。故曰：君无见其所欲，君见其所欲，臣自将雕琢；君无见其意，君见其意，臣将自表异。故曰：去好去恶，臣乃见素；去旧去智，臣乃自备。故有智而不以虑，使万物知其处；有行而不以贤，观臣下之所因；有勇而不以怒，使群臣尽其武。是故去智而有明，去贤而有功，去勇而有强。群臣守职，百官有常，因能而使之，是谓习常。故曰：寂乎其无位而处，漻乎莫得其所。明君无为于上，群臣竦惧乎下。明君之道，使智者尽其虑，而君因以断事，故君不穷于智；贤者敕其材，君因而任之，故君不穷于能。有功则君有其贤，有过则臣任其罪。故君不穷于名。是故不贤而为贤者师，不智而为智者正。臣有其劳，君有其成功，此之谓贤主之经也。

道在不可见，用在不可知。虚静无事，以闇见疵。见而不见，闻而不闻，知而不知。知其言以往，勿变勿更，以参合阅焉。

扬权(节录)

天有大命，人有大命。夫香美脆味，厚酒肥肉，甘口而病形；曼理皓齿，说情而损精。故去甚去泰，身乃无害。权不欲见，素无为也。

解老(全文)

德者，内也；得者，外也。上德不德，言其神不淫于外也。神不淫于外，则身全。身全之谓得。得者，得身也。凡德者，以无为集，以无欲成，以不思安，以不用固。为之欲之，则德无舍，德无舍则不全；用之思之，则不固，不固则无功。无功则生有德，德则无德，不德则有德。故曰：上德不德，是以有德。

所以贵无为无思为虚者，谓其意无所制也。夫无术者，故以无为无思为虚也。夫故以无为无思为虚者，其意常不忘虚，是制于为虚也。虚者，谓其意所无制也。今制于为虚，是不虚也。虚者之无为也，不以无为为有常则虚。虚则德盛，德盛之谓上德。故曰：上德无为而无不为也。

仁者，谓其中心欣然爱人也。其喜人之

有福，而恶人之有祸也，生心之所不能已也，非求其报也。故曰：上仁为之而无以为也。

义者，君臣上下之事，父子贵贱之差也，知交朋友之接也，亲疏内外之分也。臣事君宜，下怀上宜，子事父宜，贱敬贵宜，知交朋友之相助也宜，亲者内而疏者外宜。义者，谓其宜也。宜而为之，故曰：上义为之而有以为也。

礼者，所以貌情也，群义之文章也，君臣父子之交也，贵贱贤不肖之所以别也。中心怀而不谕，故疾趋卑拜以明之；实心爱而不知，故好言繁辞以信之。礼者，外饰之所以谕内也。故曰：礼以貌情也。凡人之为外物动也，不知其为身之礼也。众人之为礼也，以尊他人也，故时劝时衰；君子之为礼，以为其身。以为其身，故神之为上礼。上礼神而众人贰，故不能相应。不能相应，故曰：上礼为之而莫之应。众人虽贰，圣人之复恭敬尽手足之礼也不衰。故曰：攘臂而仍之。道有积而德有功，德者，道之功；功有实而实有光，仁者，德之光；光有泽而泽有事，义者，仁之事也；事有礼而礼有文，礼者，义之文也。故曰：失道而后失德，失德而后失仁，失仁而后失义，失义而后失礼。

礼为情貌者也，文为质饰者也。夫君子取情而去貌，好质而恶饰。夫恃貌而论情者，其情恶也；须饰而论质者，其质衰也。何以论之？和氏之璧，不饰以五采；隋侯之珠，不饰以银黄。其质至美，物不足以饰之。夫物之待饰而后行者，其质不美也。是以父子之间，其礼朴而不明。故曰：礼薄也。凡物不并盛，阴阳是也；理相夺予，威德是也。实厚者貌薄，父子之礼是也。由是观之，礼繁者实心衰也。然则为礼者，事通人之朴心者也。众人之为礼也，人应则轻欢，不应则责怨。今为礼者，事通人之朴心，而资之以相责之分，能毋争乎?有争则乱。故曰：夫礼者，忠信之薄也，而乱之首也。

先物行先理动之谓前识。前识者，无缘而忘意度也。何以论之?詹何坐，弟子侍，有牛鸣于门外。弟子曰：是黑牛也，而白在其题。詹何曰：然，是黑牛也，而白在其角。使人视之，果黑牛而以布裹其角。以詹子之术婴众人之心，华焉殆矣。故曰：道之华也。尝试释詹子之察，而使五尺之愚童子视之，亦知其黑牛而以布裹其角也。故以詹子之察，苦心伤神，而后与五尺之愚童子同功。是以曰：愚之首也。故曰：前识者，道之华也，而愚之首也。所谓大丈夫者，谓其智之大也；所谓处其厚不处其薄者，行情实而去礼貌也；所谓处其实不处其华者，必缘礼不径绝也；所谓去彼取此者，去貌径绝而取缘理好情实也。故曰：去彼取此。

人有祸则心畏恐，心畏恐则行端直，行端直则思虑熟，思虑熟则得事理。行端直则无祸害，无祸害则尽天年。得事理则必成功，尽天年则全而寿，必成功则富与贵。全寿富贵之谓福，而福本于有祸。故曰：祸兮福之所倚，以成其功也。

人有福则富贵至，富贵至则衣食美，衣食美则骄心生，骄心生则行邪僻而动弃理。行邪僻则身死夭，动弃理则无成功。夫内有死夭之难，而外无成功之名者，大祸也，而祸本生于有福。故曰：福兮祸之所伏。

夫缘道理以从事者，无不能成。无不能成者，大能成天子之势尊，而小易得卿相将军之赏禄。夫弃道理而妄举动者，虽上有天子诸侯之势尊，而下有倚顿陶朱卜祝之富，犹失其民人而亡其财资也。众人之轻弃道理而易妄举动者，不知其祸福之深大而道阔远若是也。故谕人曰：孰知其极?人莫不欲富贵全寿，而未有能免于贫贱死夭之祸也。心欲富贵全寿，而今贫贱死夭，是不能至于其所欲至矣。今众人之不能至于其所欲至，故曰迷。众人之所不能至

于其所欲至也，自天地之剖判，以至于今。故曰：人之迷也，其日故以久矣。

所谓方者，内外相应也，言行相称也。所谓廉者，必生死之命也，轻恬资财也。所谓直者，义必公正，心不偏党也。所谓光者，官爵尊贵，衣裘壮丽也。今有道之士，虽中外信顺，不以诽谤穷堕；虽死节轻财，不以侮罢羞贪；虽义端不党，不以去邪罪私；虽势尊衣美，不以夸贱欺贫。其故何也?使失路者而肯听习问知，即不成迷也。今众人之所以欲成功而反为败者，生于不知道理，而不肯问知而听能。众人不肯问知听能，而圣人强以其祸败适之，则怨。众人多而圣人寡，寡之不能胜众，数也。今举动而与天下为雠，非全身长生之道也。是以行轨节而举之也。故曰：方而不割，廉而不刿，直而不肆，光而不耀。

聪明睿智，天也；动静思虑，人也。人也者，乘于天明以视，寄于天聪以听，托于天智以思虑。故视强则目不明，听甚则耳不聪，思虑过度则智识乱。目不明则不能决黑白之分，耳不聪则不能别清浊之声，智识乱则不能审得失之地。目不能决黑白之色，则谓之盲；耳不能别清浊之声，则谓之聋；心不能审得失之地，则谓之狂。盲则不能避昼日之险，聋则不能知雷霆之害，狂则不能免人间法令之祸。书之所谓治人者，适动静之节，省思虑之费也；所谓事天者，不极聪明之力，不尽智识之任。苟极尽则费神多，费神多则盲聋悖狂之祸至，是以啬之。啬之者，爱其精神，啬其智识也。故曰：治人事天莫如啬。

众人之用神也躁，躁则多费，多费之谓侈；圣人之用神也静，静则少费，少费之谓啬。啬之谓术也，生于道理。夫能啬也，是从于

道而服于理者也。众人离于患，陷于祸，犹未知退，而不服于道理。圣人虽未见祸患之形，虚无服从于道理，以称蚤服。故曰：夫谓啬，是以蚤服。

知治人者，其思虑静；知事天者，其孔窍虚。思虑静，故德不去；孔窍虚，则和气日入。故曰：重积德。夫能令故德不去，新和气日至者，蚤服者也。故曰：蚤服是谓重积德。积德而后神静，神静而后和多，和多而后计得，计得而后能御万物，能御万物则战易胜敌，战易胜敌而论必盖世，论必盖世故曰无不克。无不克本于重积德，故曰：重积德则无不克。战易胜敌则兼有天下，论必盖世则民人从。进兼天下，而退从民人，其术远，则众人莫见其端末。莫见其端末，是以莫知其极。故曰：无不克则莫知其极。

凡有国而后亡之，有身而后殃之，不可谓能有其国，能保其身。夫能有其国，必能安有社稷；能保其身，必能终其天年，而后可谓能有其国，能保其身矣。夫能有其国、保其身者，必且体道。体道则其智深，其智深则其会远，其会远，众人莫能见其所极。唯夫能令人不见其事极，不见其事极者，为能保其身，有其国；故曰：莫知其极，莫知其极则可以有国。

所谓有国之母，母者，道也。道也者，生于所以有国之术。所以有国之术，故谓之有国之母。夫道以与世周旋者，其建生也长，持禄也久。故曰：有国之母，可以长久。

树木有曼根，有直根。根者，书之所谓柢也。柢也者，木之所以建生也；曼根者，木之所以持生也。德也者，人之所以建生也；禄也者，人之所以持生也。今建于理者，其持禄也久。故曰：深其根、体其道者，其生日长。故曰：固其柢。柢固则生长，根深则视久。故曰：深其根，固其柢，长生久视之道也。

工人数变业则失其功，作者数摇徙则亡其功。一人之作，日亡半日，十日则亡五人之功矣。万人之作，日亡半日，十日则亡五万人之功矣。然则数变业者，其人弥众，其亏弥大矣。凡法令更，则利害易；利害易，则民务变；民务变，谓之变业。故以理观之，事大众而数摇之，则少成功；藏大器而数徙之，则多败伤；烹小鲜而数挠之，则贼其宰；治大国而数变法，则民苦之。是以有道之君贵虚静而重变法。故曰：治大国者若烹小鲜。

人处疾则贵医，有祸则畏鬼。圣人在上则民少欲，民少欲则血气治而举动理，举动理则少祸害。夫内无痤疽瘅痔之害，而外无刑罚法诛之祸者，其轻恬鬼也甚。故曰：以道莅天下，其鬼不神。治世之民，不与鬼神相害也。故曰：非其鬼不神也，其神不伤人也。鬼祟也疾人之谓鬼伤人，人逐除之之谓人伤鬼，民犯法令之谓民伤上，上刑戮民之谓上伤民。民不犯法，则上亦不行刑。上不行刑之谓上不伤人。故曰：圣人亦不伤民。上不与民相害，而人不与鬼相伤，故曰：两不相伤。民不敢犯法，则上内不用刑罚，而外不事利其产业。上内不用刑罚，而外不事利其产业，则民蕃息。民蕃息而蓄积盛。民蕃息而蓄积盛之谓有德。凡所谓祟者，魂魄去而精神乱，精神乱则无德；鬼不祟人，则魂魄不去，魂魄不去则精神不乱，精神不乱之谓有德。上盛蓄积而鬼不乱其精神，则德尽在于民矣。故曰：两不相伤，则德交归焉。言其德上下交盛而俱归于民也。

《淮南子》中
有关老子《道德经》的记载

淮南子 姓刘，名安(公元前179年—前122年)，汉文帝弟淮南厉王刘长的长子。曾招致宾客方术之士数千人，集体编写《淮南子》一书，又称《淮南鸿烈》。公元前122年，有人告刘安谋反，下狱自杀。

《淮南子》思想倾向比较复杂，兼收儒家、道家、法家的观点，而以道家为主。《淮南子》中涉及老子其人其书的篇章比较多，是研究西汉初年道家学派的重要资料。

原道训(节录)

夫太上之道，生万物而不有，成化象而弗宰。跂行喙息，蠉飞蠕动，待而后生，莫之知德；待之后死，莫之能怨。得以利者不能誉，而败者不能非；收聚畜积而不加富，布施禀授而不益贫。旋县而不可究，纤微而不可勤。累之而不高，堕之而不下；益之而不众，损之而不寡；斫之而不薄，杀之而不残；凿之而不深，填之而不浅。忽兮怳兮，不可为象兮；怳兮忽兮，用不屈兮；幽兮冥兮，应无形兮；遂兮洞兮，不虚动兮。与刚柔卷舒兮，与阴阳俛仰兮。

是故大丈夫恬然无思，澹然无虑；以天为盖，以地为舆；四时为马，阴阳为御；乘云陵霄，与造化者俱；纵志舒节，以驰大区。可以步而步，可以骤而骤；令雨师洒道，使风伯扫尘；电以为鞭策，雷以为车轮。上游于霄雿之野，下出于无垠之门；刘览偏照，复守以全；经营四隅，还反于枢。故以天为盖，则无不覆也；以地为舆，则无不载也；四时为马，则无不使也；阴阳为御，则无不备也。是故疾而不摇，远而不劳。四支不动，聪明不损，而知八纮九野之形埒者，何也？执道要之柄，而游于无穷之地。是故天

下之事不可为也，因其自然而推之；万物之变不可究也，秉其要归之趣。夫镜水之与形接也，不设智故，而方圆曲直弗能逃也。是故响不肆应，而景不一设，呼叫仿佛，默然自得。人生而静，天之性也。感而后动，性之害也。物至而神应，知之动也；知与物接，而好憎生焉。好憎成形，而知诱于外，不能反己，而天理灭矣。故达于道者，不以人易天，外与物化，而内不失其情。至无而供其求，时骋而要其宿。小大修短，各有其具。万物之至，腾踊肴乱，而不失其数。是以处上而民弗重，居前而众弗害。天下归之，奸邪畏之，以其无争于万物也，故莫敢与之争。

夫释大道而任小数，无以异于使蟹捕鼠，蟾蜍捕蚤，不足以禁奸塞邪，乱乃逾滋。昔者夏鲧作三仞之城，诸侯背之，海外有狡心。禹知天下之叛也，乃坏城平池，散财物，焚甲兵，施之以德，海外宾伏，四夷纳职，合诸侯于涂山，执玉帛者万国。故机械之心藏于胸中，则纯白不粹，神德不全。在身者不知，何远之所能怀?是故革坚则兵利，城成则冲生。若以汤沃沸，乱乃逾甚。

夫井鱼不可与语大，拘于隘也；夏虫不可与语寒，笃于时也；曲士不可与语至道，拘于俗，束于教也。故圣人不以人滑天，不以欲乱情；不谋而当，不言而信，不虑而得，不为而成；精通于灵府，与造化者为人。夫善游者溺，善骑者堕，各以其所好，反自为祸。是故好事者未尝不中，争利者未尝不穷也。昔共工之力触不周之山，使地东南倾；与高辛氏争为帝，遂潜于渊，宗族残灭，继嗣绝祀。越王翳逃山穴，越人熏而出之，遂不得已。由此观之，得在时，不在争；治在道，不在圣。土处下，不在高，故安而不危；水下流，不争先，故疾而不迟。昔舜耕于历山，朞年而田者争处墝埆，以封壤肥饶相让。钓于河滨，朞年而渔者争处湍濑，以曲隈深潭相予。当此之时，口不设言，手不指麾，执玄德于心，而化驰若神。使舜无其志，虽口辩而户说之，不能化一人。是故不道之道，莽乎大哉!夫能理三苗，朝羽民，徙裸国，纳肃慎，未发号施令，而移风易俗者，其唯心行者乎!法度刑罚，何足以致之也?

是故圣人内修其本，而不外饰其末；保其精神，偃其智故；漠然无为而无不为也，澹然无治也，而无不治也。所谓无为者，不先物为也；所谓无不为者，因物之所为；所谓无治者，不易自然也；

所谓无不治者，因物之相然也。 万物有所生，而独知守其根；百事有所出，而独知守其门。故穷无穷，极无极；照物而不眩，响应而不乏。此之谓天解。故得道者，志弱而事强，心虚而应当。所谓志弱而事强者，柔毳安静，藏于不敢，行于不能，恬然无虑，动不失时，与万物回周旋转，不为先唱，感而应之。是故贵者必以贱为号，而高者必以下为基；托小以包大，在中以制外；行柔而刚，用弱而强；转化推移，得一之道，而以少正多。所谓其事强者，遭变应卒，排患扞难；力无不胜，敌无不凌；应化揆时，莫能害之。是故欲刚者，必以柔守之；欲强者，必以弱保之。积于柔则刚，积于弱则强。观其所积，以知祸福之乡。强胜不若己者，至于若己者而同；柔胜出于己者，其力不可量。故兵强则灭，木强则折，革固则裂，齿坚于舌而先之敝。是故柔弱者，生之干也；而坚强者，死之徒也；先唱者，穷之路也；后动者，达之原也。

夫执道理以耦变，先亦制后，后亦制先。是何则?不失其所以制人，人不能制也。时之反侧，间不容息。先之则太过，后之则不逮。夫日回而月周，时不与人游。故圣人不贵尺之璧，而重寸之阴，时难得而易失也。禹之趋时也，履遗而弗取，冠挂而费顾，非争其先也，而争其得时也。是故圣人守清道而抱雌节，因循应变，常后而不先；柔弱以静，舒安以定；攻大磨坚，莫能与之争。

天下之物，莫柔弱于水。然而大不可极，深不可测，修极于无穷，远沦于无涯，息耗减益，通于不訾。上天则为雨露，下地则为润泽；万物弗得不生，百事不得不成；大包群生，而无好憎；泽及跂蛲，而不求报；富赡天下而不既，德施百姓而不费，行而不可得穷极也，微而不可得把握也；击之无创，刺之不伤，斩之不断，焚之不然，淖溺流遁，错缪相纷，而不可靡散：利贯金石，强济天下；动溶无形之域，而翱翔忽区之上；邅回川谷之间，而滔腾大荒之野；有余不足，与天地取与，授万物而无所前后。是故无所私而无所公，靡滥振荡，与天地鸿洞，无所左而无所右，蟠委错紾，与万物始终，是谓至德。夫水所以能成其至德于天下者，以其淖溺润滑也。故老聃之言曰：天下至柔，驰骋天下之至坚，出于无

有，入于无间。吾是以知无为之有益。

夫无形者，物之大祖也；无音者，声之大宗也。其子为光，其孙为水，皆生于无形也。夫光可见而不可握，水可循而不可毁。故有像之类，莫尊于水。出生入死，自无蹠有，自有蹠无，而以衰贱矣。是故清静者，德之至也；而柔弱者，道之要也；虚无恬愉者，万物之用也。肃然应感，殷然反本，则沦于无形矣。所谓无形者，一之谓也；所谓一者，无匹合于天下者也。卓然独立，块然独处；上通九天，下贯九野；圆不中规，方不中矩；大浑而为一，叶累而无根；怀囊天地，为道关门；穆忞隐闵，纯德独存；布施而不既，用之而不勤。是故视之不见其形，听之不闻其声，循之不得其身；无形而有形生焉，无声而五音鸣焉，无味而五味形焉，无色而五色成焉。是故有生于无，实出于虚。

道者，一立而万物生矣。是故一之理施四海，一之解际天地。其全也纯兮若朴，其散也混兮若浊；浊而徐清，冲而徐盈；澹兮其若深渊，汎兮其若浮云；若无而有，若亡若存。万物之总，皆阅一孔；百事之根，皆出一门。其动无形，变化若神；其行无迹，常后而先。是故至人之治也，掩其聪明，灭其文章，依道废智，与民同出于公；约其所守，寡其所求，去其诱慕，除其嗜欲，损其思虑。约其所守则察，寡其所求则得。夫任耳目以听视者，劳形而不明；以知虑为治者，苦心而无功。是故圣人一度循轨，不变其宜，不易其常，故准循绳，曲因其当。

故天下神器，不可为也。为者败之，执者失之。夫许由小天下而

不以己易尧者，志遗于天下也。所以然者何也?因天下而为天下也。天下之要，不在于彼而在于我，不在人而在于我身。身得则万物备矣；彻于心术之论，则嗜欲好憎外矣。是故无所喜而无所怒，无所乐而无所苦。万物玄同也，无非无是，化育玄耀，生而如死。夫天下者亦吾有也，吾亦天下之有也。天下之与我，岂有间哉!

俶真训(节录)

无形而生有形，亦明矣。是故圣人托其神于灵府，而归于万物之初；视于冥冥，听于无声。冥冥之中，独见晓焉；寂漠之中，独有照焉。其用之也以不用，其不用也而后能用之；其知也乃不知，其不知也而后能知之也。夫天不定，日月无所载；地不定，草木无所植。所立于身者不宁，是非无所形。是故有真人然后有真知。其所持者不明，庸讵知吾所谓知之非不知欤?今夫积惠重厚，累爱袭恩，以声华呕苻，妪掩万民百姓使知之，䜣䜣然人乐其性者，仁也；举大功，立显名，体君臣，正上下，明亲疏，等贵贱，存危国，继绝世，决挐治烦，兴毁宗，立无后者，义也；闭九窍，藏心志，弃聪明，反无识，芒然仿佯于尘埃之外，而消摇于无事之业，含阴吐阳，而万物和同者，德也。是故道散而为德，德溢而为仁义，仁义立而道德废矣。

是故神者，智之渊也，渊清者智明矣；智者，心之府也，智公则心平矣。人莫鉴于流沫，而鉴于止水者，以其静也；莫窥形于生铁，而窥于明镜者，以睹其易也。夫唯易且静，形物之性也。由此观之，用也必假之于弗用也。是故虚室生白，吉祥止也。夫鉴明者，尘垢弗能薶；神清者，嗜欲弗能乱。精神已越于外，而事复返之，是失之于本，而求之于末也。外内无符，而欲与物接；弊其元光，而求知之于耳目，是释其炤炤，而道其冥冥也。是之谓失道。心有所至，而神喟然在之，反之于虚，则消铄灭息。此圣人之游也。